MAGNIFICAT

Hablan de
Debbie Blue y *Magníficat*

Pocos libros de relecturas sobre las mujeres he leído con tanto entusiasmo e interés como Magníficat, de Debbie Blue. Para escribir este endorso a su libro pensaba leer la introducción y alguno que otro artículo. Pero desde que empecé a leer la introducción no fui capaz de suspender la lectura de sus "sermones". Y es que cada relectura del texto escogido me parecía novedosa, imaginativa, valiente, atrevida y amena. Jocosa en algunas partes e impactante en otras. Debbie tiene una gran habilidad para observar todos los rincones del texto: los mira por arriba, por abajo y por todos los lados; no se le escapan detalles. Ella desnuda y replantea las interpretaciones patriarcales malintencionadas. Se sale de lo común, y eso es lo más atractivo de sus aportes: lo inesperado, pues mientras una al leer piensa encontrar lo que siempre se ha dicho del texto, resulta que no es así, y tiene razón. Ella hace ver a las y los lectores que las cosas son complejas, mucho menos simple de lo que se cree; nada es blanco y negro, todos somos malos y buenos a la vez. Pero su lectura no es simplemente para pasar el rato. Su narrativa deja grandes desafíos a la práctica tradicional de la lectura de la Biblia; incluso su aporte es también metodológico, pues nos indica que las cosas no son como son. Por otro lado, en su lectura sencilla y amena, deja ver la profundidad de sus fuentes rabínicas y cristianas, e incluso del islam, así como de pensadores y artistas. Debbie Blue critica las interpretaciones patriarcales, pero no desecha el texto bíblico, simplemente lo ubica en esta historia humana compleja y deja observar sus lados interesantes, rara vez vistos.

-**Elsa Tamez**, biblista y teóloga mexicanacostarricense, autora de varios libros, entre ellos *Las mujeres en el movimiento de Jesús* y *Cuando los horizontes se cierran.*

Magníficat es una obra cumbre, compuesta toda de sermones, que les da visibilidad a las mujeres de la Escritura, las toma en serio y las trata con ternura. Debbie Blue predica a través de las historias de las mujeres y del testimonio mujeril en el texto con destreza y mirada profunda. Ella explora el alcance de esas mujeres en los confines de nuestra tradición cristiana, pero también recurre a fuentes judaicas e islámicas. De esa manera, consigue sacar a plena luz la humanidad de esas protagonistas y su potencial redentor. Debbie entreteje interpretación rigurosa, complejidad y una audacia sagrada a medida que da testimonio de la trayectoria expansiva que estas mujeres han legado a las comunidades de fe hoy. Esta exploración a través de una colección de sermones revela un amor y una gracia profundos hacia las mujeres en la Escritura y en las comunidades actuales que anhelan conectarse con ellas. Sus historias instruyen e inspiran, provocan a la compasión y nos invitan a unirnos en el arco salvífico de la Escritura por la gracia del Espíritu que actúa en cada sermón. Magníficat sigue la pista de las mujeres en las que no hay manufactura de ídolos ni tampoco finales felices, sino que se trata de atisbos de una fe profunda que se encuentran en cada testimonio que se nos ofrece. Debbie Blue honra a las mujeres de la Escritura y honra a la comunidad de fe con este regalo de sermones para nuestro peregrinaje en pos de Jesús.

Kelley Nikondeha, autora de *Adopted: The Sacrament of Belonging in a Fractured World* y de *Defiant: What the Women of Exodus Teach Us about Freedom*

El Magníficat de Debbie Blue es una colección poderosa de reflexiones sobre el papel profundamente importante que las mujeres han jugado a lo largo de la historia de nuestra fe. Sus acercamientos a las historias de esas mujeres y a las lecciones que sus vidas nos imparten van a desafiar y a inspirar a cualquiera que lea este libro. Nos vamos a sentir invitados a mirar una vez más esos relatos tan conocidos, pero esta vez desde una mirada novedosa y desde nuevas perspectivas. De igual manera, la sabiduría profética y la fidelidad de esas mujeres de fe nos van a cautivar.

Rev. Brandan Robertson, pastor, activista y autor de
El evangelio de la inclusión

Si sospechas que la Biblia no fue escrita para avivar nuestros corazones (no, al menos, el de las mujeres), estás preparado o preparada para Debbie Blue. Al resaltar los textos en los que aparecen mujeres, ella va desenmascarando la misoginia para mostrar la manera en la que seres humanos tan complejos se las han ingeniado para navegar a lo largo de una relación con Dios: el Dios misericordioso y amoroso, pero a quien nunca podemos atrapar. Las palabras de Debbie les permiten a las Escrituras alcanzar su propósito y romper nuestros corazones, para abrirlos.

Rev. Ruth Everhart, autora de *The #MeToo Reckoning*
y *Ruined*

Leer hasta el final este libro —recorriendo cada una de las historias— se vuelve una necesidad, porque vamos encontrándole las grietas al relato patriarcal del texto bíblico y de esa manera aparecen ante nuestros ojos los cuerpos, el deseo, la intemperie gozosa, la rabia, el poder, la lucha; aparecen ellas: las mujeres de la Biblia, con sus rostros y con su voz. A partir del hecho creador de nombrarlas, Debbie nos acompaña a ser y estar junto a ellas a través de la palabra, a desnaturalizar pesados mandatos históricos, a desarmar prejuicios y a salir de la ingenuidad. Como parte de un movimiento enorme de mujeres que trabajamos en diálogo con las infancias, haciendo una fuerte crítica al adultocentrismo y la heteronormatividad, construyendo miradas amorosas desde una perspectiva feminista y en clave de derechos, Debbie Blue nos tiende su mano y nos provoca a desplegar reflexiones, sentimientos y prácticas renovadas.

Liliana Simari, educadora y pedagoga, militante social argentina.

La siguiente presentación de 15 sermones de Debbie Blue con seguridad van a entretener, divertir e inspirar. En ocasiones no pude más que reír, en otras llegué al punto de las lágrimas. Blue sigue de cerca los hilos de las historias y explora los personajes con destreza, sin dejar de mantenerse en contacto con el texto y sus intérpretes, incluyendo su auditorio contemporáneo. Ella exhibe una habilidad fenomenal para capturar a sus lectores y lectoras con el relato bíblico y sus protagonistas, al exponerlos desde perspectivas novedosas. Por ejemplo, en el caso del relato de las hijas de Zelofehad: " No es frecuente encontrar una historia en la Biblia en donde las mujeres desafíen la ley de Dios [...] y Dios tenga que decir que las hermanas tienen razón. ¡Perdón! Metí la pata. ¡Cambia la ley! Borra toda esa cosa patriarcal que escribimos en el monte Sinaí sobre la herencia, ¡denles un poco de tierra a esas mujeres!". La autora presenta a los personajes femeninos de una manera matizada, no completamente positiva ni enteramente negativa, sino con todas las inclinaciones que atraen al corazón humano. En su notable sermón en torno a Salomé, Blue resalta el temor que se permea a lo largo de la historia. Como parte de la conclusión, ella escribe: "La forma de salir del miedo es la confianza, pero la confianza no es exactamente algo que podamos alcanzar o esforzarnos por lograr o mejorar. Es algo que se desliza a tu lado sin tu esfuerzo cuando eres amado/a de una manera en la que se puede confiar... Así ama Dios".

Johanna W. H. van Wijk-Bos, profesora emérita de Antiguo Testamento, Louisville Presbyterian Theological Seminary

Me acerco a un sermón de Debbie Blue con una sensación de aventura y expectativa. Ella me lleva a ver los textos bíblicos con nuevos ojos. Debbie busca implacablemente el sí del amor de Dios, incluso en aquellos textos en los que Dios parece estar dando un no. Esto no quiere decir que sus sermones sean suaves, como si ofrecieran nada más que la calidez de un osito de peluche. Ella, al igual que el Dios revelado en Jesucristo, confronta con amor las muchas maneras en las que nos extraviamos. Estos sermones acerca de mujeres en la Biblia le dan a Debbie una oportunidad amplia para hacer todo lo que acabo de decir.

Marcos Baker, profesor de Misión y Teología en Fresno Pacific Biblical Seminary y autor de *Centrado en Jesús, Mucho más que una cruz* y *Estableciendo iglesias centradas.*

En una religión que históricamente no ha sido considerada con las mujeres, Debbie Blue tiene una habilidad peculiar para encontrar las grietas de los fundamentos patriarcales y hacerlos volar con dinamita homilética (¿de veras Rut le propuso matrimonio a Booz? ¿Cómo así que la sabiduría puede personificarse como la

bebé lactante de Dios? ¿María es una amenaza al monoteísmo?).
Los escombros son algo glorioso; nos llevan a recordar que no
tenemos que ser buenas, puras o masculinas para ser amadas y
para encarnar el Amor como consecuencia.

Erin S. Lane, autora de *Lessons in Belonging from a Church-Going Commitment Phobe*

MAGNIFICAT

un Dios que nunca dejó de considerar a las mujeres

DEBBIE BLUE

Copyright © 2021 by Deborah Ann Blue

MAGNÍFICAT
Un Dios que nunca dejó de considerar a las mujeres.
de Debbie Blue, 2021, JUANUNO1 Ediciones.

Título de la obra original en inglés *"Magnificat : A God Who Never Stopped Considering Women"* by Debbie Blue. Published by JUANUNO1 Books.

Library of Congress Cataloging-in-Publication Data
Name: Blue, Debbie, author.
Magníficat : un Dios que nunca dejó de considerar a las mujeres / Debbie Blue.
Published: Miami : JUANUNO1 Ediciones, 2021
Identifiers: LCCN 2021949033
LC record available at https://lccn.loc.gov/2021949033

REL058010 RELIGION / Sermons / Christian
REL006400 RELIGION / Biblical Studies / Exegesis & Hermeneutics
REL012130 RELIGION / Christian Living / Women's Interests

Paperback ISBN 978-1-63753-018-4
Ebook ISBN 978-1-63753-019-1

Traducción *Alvin Góngora*
Corrector *Tomás Jara*
Créditos Portada *Equipo de Media y Redes JuanUno1 Publishing House*
Concepto diagramación interior & ebook *Ma. Gabriela Centurión*
Director de Publicaciones *Hernán Dalbes*

First Edition | Primera Edición
Miami, FL. USA.
Noviembre 2021

Para Olivia
Hasta que sea cierto

CONTENIDO

INTRODUCCIÓN

Hay días en que solo atino a quedarme mirando por horas los pasajes bíblicos. Paralizada. Son textos que debo haber leído al menos un millón de veces a lo largo de los últimos 25 años que tengo como pastora. No importa cuánto quiera yo creer en el amor dador de vida de Jesús, no puedo quitarme de encima la sensación de que tan solo estoy contemplando un pescado. Muerto. Y lo sigo mirando. Llamo entonces a una amiga. Le digo: "Perdí mi fe. Se supone que debería renunciar a mi pastorado". Esto me sucede, digamos, una vez por mes. Es posible que ustedes me quieran advertir que se trata de una condición cíclica. Que la puedo superar, que voy a recuperar mi fe (o que el espíritu me puede encontrar) y que me las voy a ingeniar para dar un sermón tan pronto llegue el domingo. Pero si se les ocurre preguntarle a Jim, mi esposo, él les va a contar las muchas veces en las que insisto, a pesar de sus palabras de ánimo, que "sí, yo sé que ya me pasó lo mismo la última vez, y tengo miedo de que ahora no haya resurrección". Afortunadamente, a estas alturas (¡qué alivio!), mi ritual histriónico lo divierte.

Hay semanas en que nada de eso sucede, que es cuando ando desaforada, cumpliendo mi tarea con pasión (no siempre con una fe perfecta). Eso sucede casi sin falta cuando en el texto frente a mí hay una mujer. Todos los textos en la guía de lecturas bíblicas que seguimos en mi denominación (lo llamamos *Revised Common Lectionary*) tienen que ver con hombres (sean sus autores, personajes o narradores). Desde luego, Jesús es hombre, y si bien YHWH no lo es, Dios siempre aparece como varón: abundan los pronombres y títulos masculinos (Él / a Él / de Él, El Padre, Rey, Príncipe, etc.). Entonces, es absolutamente refrescante encontrar en la Biblia una mujer o una imagen de Dios que no sea masculina. Yo no creo que el patriarcado le haya hecho ningún bien al mundo ni a la iglesia (ni a las mujeres ni a los hombres ni a la gente no binaria, ni a los niños, ni a los marginados, ni a los colonizados, ni al agua, ni a la tierra). Por eso me afano por encontrarle grietas al relato patriarcal y forzar, cavar, dinamitar de ser necesario, para abrirles caminos a los relatos alternativos que no siempre se reconocen, o que están ahí bajo la superficie.

Este libro es una colección de sermones en torno a textos de la Biblia que incluyen a las mujeres. Muchos de ellos provienen del año en que en nuestra iglesia, *House of Mercy*, decidimos abandonar el orden de lecturas bíblicas *de*

Revised Common Lectionary y optamos por crear nuestra propia guía dominical con historias bíblicas en las que las mujeres fuesen protagonistas. Ese fue un año fructífero. Hasta me puedo imaginar invirtiendo mis años restantes de trabajo ministerial en la predicación acerca de los pasajes de la Biblia que incluyen a las mujeres, pero soy consciente de que eso puede no ser del agrado de todo el mundo (y me imagino que habría algunos aportes cruciales en la Escritura que pasaríamos por alto). La gente que se encarga de elaborar el currículo para los niños tiene serios problemas para vérselas con algunas historias de maneras que sean apropiadas para un público infantil. Mi colega varón estuvo totalmente de acuerdo con nuestros cambios, pero en la práctica fue todo un desafío.

Me fascina la historia de la interpretación. Aunque, al mismo tiempo, es un recuento que me decepciona. Incluso me escandaliza. Eso es algo que sucede vez tras vez a lo largo de los años en los que he sido predicadora, especialmente (aunque no de manera exclusiva) cuando predico pasajes que incluyen a las mujeres. Lutero fue un gran teólogo con quien estoy agradecida por muchas cosas, pero cuando él acusa a Agar de haber secuestrado el hijo de Abraham y dice que ella es la causa de todos los pecados de la familia, descubro que su exégesis no es persuasiva. Tertuliano asegura con firmeza que Dios llegó a ser completamente humano en Jesús. Como alguien que valora la teología de la encarnación, agradezco todo eso;

pero cuando él pasa a explicar lo repulsivo que le resultan las implicaciones de tanta humanidad, "la inmundicia de los fluidos corporales y de la sangre dentro del útero, el repugnante cuajo de carne que debe ser alimentado por nueve meses con esa misma excrecencia", empieza a salir humo de mis narices. Las interpretaciones misóginas han contaminado la fe judeocristiana con tendencias tóxicas y permanentes a deshumanizar a las mujeres (y a las personas afrodescendientes, a las de los pueblos originarios, a gay y *queer*, a cualquiera que no sea blancuzca, heterosexual ni varón). Aunque desde hace algunos años a las mujeres se les viene permitiendo que lean el texto y que hasta dirijan la iglesia, sigue siendo claro que este privilegio todavía no es de aplicación universal y que ninguna maroma de la imaginación permite decir que eso signifique que se haya derrotado al sexismo (ni la supremacía blanca ni el colonialismo).

Cuando lean este libro se podrán dar cuenta de que en mí hay una dosis alta de frustración con relación a algunas interpretaciones largamente sostenidas en la historia. En cuanto conformemos una comunidad a la que se le han confiado textos sagrados, creo que es importante que confesemos los errores del pasado, que no los barramos debajo de la alfombra, ni que tampoco salgamos ahora con excusas, alegando que los tiempos eran diferentes allá en el pasado. No se trata tan solo de un problema de los tiempos idos. Incluso hoy en día seguimos usando la Biblia para deshumanizar a los demás. Es claro que se trata de un problema en el que necesitamos seguir trabajando. Yo, al menos, me esfuerzo en eso. No son muchas mis certezas, pero sí puedo asegurar que la palabra de Dios no está para llevarnos a odiar ni a condenar ni a buscar chivos expiatorios. Y si bien estoy presta a reconocer la medida en la que las Escrituras son dañinas, mis propias tendencias a sacrificar chivos expiatorios suelen evadir mi vigilancia.

La misoginia fundante me molesta. No siento que surja desde lo profundo de mi ser un ápice de misericordia cuando la confronto, pero confío en que mi propia carencia de gracia no eclipse la abundancia de la revelación del amor siempre constante de Dios. Mi intención es resaltarlo, incluso en medio de mis propias falencias. Es posible que más adelante, a lo largo del camino, cuando el espíritu haya pasado más tiempo conmigo, yo pueda bajar la guardia. El asunto es que todavía no he llegado a ese punto. Siento que aún estoy en el momento en que hundo con más firmeza las suelas de mis zapatillas. Espero que todo el lodo que arroje por doquier no les impida recibir un atisbo del amor cuando lean estos sermones.

Así como la historia de la interpretación me ofende, en igual medida, aunque de manera ocasional, también me emociona y me sorprende. Esto suele darse cuando descubro la interpretación de perspectivas judías o islámicas de una historia conocida. Cuánto me place que compartamos con esas tradiciones algunas historias fundantes. Ese suelo común me permite releerlas desde un ángulo diferente. Creo que podemos valernos de toda la ayuda que podamos recibir en nuestro caminar, dando tumbos, como personas que anhelan llegar a Dios. A veces, la imaginación cristiana necesita ser espoleada. Con frecuencia, me acerco a esas interpretaciones en mis sermones.

Ustedes van a observar, además, que suelo comentar las maneras en las que el arte exhibe a las mujeres de la Biblia. Mi esposo, Jim, es artista. Mi oficina está sobre nuestro garaje, al lado de su estudio de pintura. Preparo mis sermones en una habitación llena de volúmenes de comentarios de textos bíblicos justo al pie de su estudio repleto de obras de arte y de libros sobre historia del arte. Aunque a veces esa cercanía es un tanto desconcertante, a la larga es supremamente fecunda. El interés particular de Jim en la historia del arte litúrgico lo lleva con frecuencia a explorar esas imágenes en su trabajo. No creo que pudiera esquivarlas si me lo propusiera. Seamos conscientes o no de la manera en la que Rembrandt describió a la esposa de Potifar, el arte es un aspecto de la cultura creativa en la que navegamos.

Permítanme agregar algunas advertencias. Van a encontrar que utilizo constantemente expresiones tales como "puede ser", "al parecer" y "yo pienso o creo que". La mayoría de los editores no me permiten salir con esas cosas y hasta imagino que cuando ustedes estén leyendo esto, buena parte de mi lenguaje tentativo haya sido eliminado. Con todo, espero que algo de esa forma de expresión permanezca. No echo mano de calificativos, no porque crea que contribuyan a fortalecer el estilo literario de nadie, sino porque siento que allí donde el tema es la interpretación bíblica, es necesaria una buena dosis de cautela. La verdad es que yo no sé. Tampoco quiero aparentar que sepa algo. "Puede ser" que "al parecer" eso sea lo apropiado. A veces, vengo con sentimientos muy fuertes frente a un tema. Eso, ustedes lo van a detectar, pero yo habito el punto más distante del convencimiento de que yo haya descubierto la manera correcta en la que un texto deba ser leído. La palabra de Dios está para involucrarnos, para atraernos en tanto el pueblo que somos –con todo y nuestros bordes quebradizos y nuestros paisajes emocionales escarpados– con todas nuestras diferencias, temores y prejuicios. Yo pienso que todo eso está bien. Dios anhela abrazarnos como lo que somos y abrirnos a dosis más generosas de amor y gracia de las que podamos imaginar. Confío en que estos sermones puedan, en algún momento, señalarles la dirección acertada.

HISTORIAS QUE DESGARRAN: RAQUEL Y LEA

Labán tenía dos hijas; el nombre de la mayor era Lea, y el nombre de la menor era Raquel. Los ojos de Lea eran débiles, pero Raquel era hermosa y de buen parecer. Jacob amaba a Raquel, y dijo: "Te serviré por siete años por tu hija Raquel". Labán le respondió: "Es mejor que yo la dé a ti antes que a cualquier otro hombre; quédate conmigo". Así que Jacob sirvió siete años por Raquel, que a él le parecieron cual si fuesen pocos días por el amor que le tenía.

Tiempo después, Jacob le dijo a Labán: "Dame a mi esposa para que yo pueda unirme a ella, pues mi tiempo se ha cumplido". Entonces Labán reunió a todos los hombres del lugar, e hizo una gran fiesta. Pero al llegar la noche él tomo a su hija Lea y la trajo a Jacob; y este se llegó a ella. (Labán le regaló a su hija su esclava Zilpa para que fuera su sierva). Y he aquí que en la mañana, era Lea; y Jacob le dijo a Labán: "¿Qué es lo que me has hecho? ¿No te serví por Raquel? ¿Por qué me engañaste?". Labán le dijo: "No es la costumbre en nuestro país dar en matrimonio a la menor antes que a la primogénita. Completa las semanas por la otra y te la daré así como te he dado (su hermana) a cambio de que me sirvas por otros siete años". Jacob así lo hizo y completó las semanas requeridas por ella; y Labán le dio por esposa a su hija Raquel. (Labán le regaló a su hija Raquel su esclava Bilha para que fuera su sierva). Entonces Jacob se llegó también a Raquel, y él amaba a Raquel mucho más que a Lea, y le sirvió a Labán por otros siete años.

Cuando el Señor vio que Lea era aborrecida, él bendijo su vientre; pero Raquel era estéril.

Génesis 29:16-31 (RSV)*

Reconocer la ambigüedad moral y abrazar la incertidumbre no forma parte de nuestros estilos de vida. Yo, al menos, no nací en Francia, ni en Bombay, ni en una tribu nómada, por lo que no sé qué hubiera podido haberse filtrado en la estructura de mi consciencia si yo hubiese vivido mis años formativos en otra parte. Quizás la diferencia no habría sido mucha. Quizás el temor a lo incierto o la incomodidad de lo ambiguo es algo profundamente enrai-

---

* Traducido al español de la versión en inglés como idioma original.

zado en el misterio de lo humano, algo casi ineludible de lo que constituye nuestra conciencia.

Ya sea, entonces, que se trate de algo propio de una cultura en particular o de la condición humana, a menudo siento que (a pesar de lo que conscientemente creo o me esfuerzo por creer) hay por ahí cierta gente realmente malvada, y no es que no sean personas muy distintas a nosotras y a nosotros. Yo y muchos más entre los míos, tú y yo, sabemos algo que esas otras personas no conocen; nosotros y nosotras nos aferramos a algo que nos es precioso, importante y bello, que esta otra gente no respeta en absoluto. Hay en mí una cierta dosis de indignación ante ese sector de la población que, al parecer, no tiene los más mínimos miramientos hacia lo que yo sé que es de importancia esencial.

Soy consciente de que tengo una tendencia a fijarme en las creencias y los comportamientos ofensivos de otras personas, que en tiempos recientes se ha ido acrecentando a niveles de cierto fervor. No me pasa solo a mí. Basta con que se asomen por media hora a Facebook o Twitter. Las divisiones que genera la certidumbre hacen que la paz, el amor y la conducta civilizada parezcan estar lejanas durante estos tiempos.

Tras reconocer que los algoritmos que rigen las plataformas de las redes sociales nos confinan a nuestras respectivas burbujas separadas las unas de las otras, me he esforzado por salir y buscar otras perspectivas que no sean las de mi tribu. A veces esas búsquedas disparan mis niveles de presión arterial. He descubierto que la gran mayoría de las personas está convencida de que su visión es la correcta, de que sus persuasiones son las más acertadas, y de que los de sus círculos son las mejores personas. Hay un abismo que separa a "nosotros/nosotras" de "ellos/ellas". El panorama luce francamente carente de esperanza. ¿Qué rumbo se puede tomar?

Si hay algo que, para mí, rompe la monotonía de los relatos, esos en donde hay buenos y hay malos tan claramente diferenciados que puedes saber de qué lado estar (y esa es una narración que no se rompe tan fácilmente), es una lectura atenta de la Biblia. Todo esto no deja de ser gracioso si se tiene en cuenta la reputación que se ha creado ese libro en algunos círculos en donde no se le tiene por un vehículo que pueda aclarar todo ese ordenamiento. Sin embargo, yo le encuentro sentido cuando digo que la Palabra de Dios puede contribuir, que de alguna manera nos reúne a todas juntas, a todos juntos, en lugar de separarnos a lo largo de líneas divisorias. En lugar de reforzar la estructura de buenos *vs.* malos, hay algo más: todos y todas somos malos, y somos redimibles, y estamos juntos y juntas en esto.

Cada vez que vuelvo a leer estas historias acerca de patriarcas y matriarcas, una parte de mí se echa a reír. ¿A quién se le ocurre escribir esta clase de libro sobre los fundadores de una nación, de su religión y de su gente?

Todos son tan *malos*. O al menos están muy distantes de lo que implica ser buenos, amables o heroicos.

Si lo que ustedes buscan son historias menos ambiguas, moralmente hablando, acerca de héroes justicieros, gente buena y finales felices, les va a tocar ir a sitios diferentes a la Biblia. En estas narraciones fundacionales, ni siquiera Dios se nos aparece como un bueno sin ambigüedades. No hay un "y fueron felices y comieron perdices". La Torá (el corazón de la Biblia hebrea) finaliza con Moisés, el más grande profeta y liberador, que otea a la distancia la tierra que Dios le prometió a su pueblo, y Dios le dice: "Te dejo mirar todo esto con tus propios ojos, pero tú no entrarás a esa tierra".

Moisés ha trasegado un peregrinaje largo, con frecuencia tortuoso, hacia la Tierra Prometida. Su labor ha sido intensa, dura y (en su mayor parte) fiel a Dios y a su pueblo. ¿De veras no se le va a permitir poner su pie en la tierra buena de la que fluye leche y miel? Está bien que algunas de estas historias sean curiosas, pero ¿esto? Te rompen el corazón.

Si llegan a la Torá en busca de una paz, una felicidad y una bondad sin adulteraciones, se van a encontrar con dificultades de gran calibre. Esas historias parecen salirse de cauce para mostrarnos cuán inadecuados son sus protagonistas, cuán frecuentemente se muestran en su infelicidad, en sus muchos intereses por proteger, en la insatisfacción de sus vidas. Uno llega al punto de

13

preguntarse si acaso todo eso no es más que parte integral del sentido general, una porción de lo que se está dando a conocer. Con todo, me parece que puede ser inadecuado resumir toda la narración compleja, desgarradora, extraña y a veces supremamente bella con un simple: "Bien, Dios opera a través de la gente más quebrantada". Como si con eso se aportara un punto que, después de todo, fuera un premio de consolación.

No estoy segura de que la revelación no busque más que darnos premios de consolación. La palabra de Dios te desgarra el corazón, no te lo alivia con un adhesivo. Oír no es analgésico. Yo creo que Dios, en realidad, puede estar ahí con toda la intención de rompernos el corazón. De romperlo, para abrirlo.

La Biblia no es fecunda en historias optimistas en las que los valores progresistas se vayan abriendo paso lentamente para dar a luz a una nación conformada por gente buena. Me gustaría que fuera así como se dieran las cosas, pero ya sabemos que la realidad es diferente. Para ser honestas y honestos, la Biblia no es un libro característicamente optimista. Lo que nos ofrece es, antes bien, atisbos de una esperanza y un amor profundos en medio de relatos devastadores acerca de personas que no son buenas en absoluto.

El relato de Lea y Raquel ocurre más o menos en la mitad de la vida de Jacob. Un poco más tarde, Jacob va a recibir un nombre nuevo: Israel. Israel. Los israelitas. Estas son palabras de peso. El nombre es de envergadura (incluso hoy en día). Jacob, en caso de que lo hayan olvidado, es hijo de Isaac. Este es el mismo Isaac a quien su padre Abraham por poco le corta el cuello en otra historia terrible en el Monte Moriá. De alguna manera, Isaac se repuso de ese trauma, pero no oímos hablar de él casi nada después de eso. Se retira a las sombras, por así decirlo. En su edad avanzada, pierde la vista, una condición que su esposa, Rebeca, y su hijo, Jacob, aprovechan para apropiarse de la bendición que Isaac tenía reservada para Esaú, su hijo mayor, a quien él amaba con devoción.

Jacob es un mentiroso y un manipulador. Esos son algunos de los rasgos que lo caracterizan. Conspira con su madre, se pone la ropa de su hermano y se las ingenia para hacerle creer a su padre, Isaac, que es Esaú. Jacob le miente a su padre ciego en sus propias narices: "Yo soy Esaú, tu primogénito". Isaac tiene sus dudas. Le pregunta: "¿De veras? ¿En verdad lo eres?". El pobre anciano es tan vulnerable. "Sí, lo soy", le responde Jacob. No. No es una historia linda.

No es de sorprender que la intriga que Rebeca y Jacob montaron para perjudicar a Esaú haya creado una rivalidad entre los dos hermanos. Jacob tiene que salir de su hogar ya que Esaú quiere matarlo. Se marcha para donde Labán, su tío, donde se supone que ha de casarse con una de sus primas.

15

Lo cual nos lleva a la historia de Génesis 29, que pueden tomarla fácilmente como un caso más de lo-que-por-agua-viene-por-agua-se-va, una especie de karma. Exactamente así como Rebeca y Jacob engañaron a Isaac, exactamente así como Jacob escondió su verdadera identidad, de igual manera Labán engañó a Jacob, de igual manera Labán escondió la verdadera identidad de Lea. El deseo de Isaac había sido bendecir al hijo que tanto amaba. Pero lo engañaron. El deseo de Jacob era consumar su matrimonio con Raquel, la prima que tanto amaba, pero lo engañaron.

Sin embargo, no parece que la historia se haya escrito para que quien la lea se sienta bien y satisfecho o satisfecha diciendo algo así como: "¡Ajá! Eso le pasó por mentiroso. Bien merecido". No. Al contrario. Lo que tenemos aquí es una historia que te desgarra por dentro.

Cualquiera sea el protagonista con el que se identifiquen en esta historia (y bien pueden ir en direcciones diferentes en momentos diferentes, quizás dependiendo de si ustedes son varones o mujeres, o de si alguien se siente más bella o menos bello, o de si pueden procrear o no), no es lo importante. Desde todo punto de vista, es un relato lastimoso.

En el mismo primer momento en que Jacob vio a Raquel, se enamoró de ella. En tres ocasiones, el relato destaca la intensidad del amor apasionado de Jacob por Raquel. Lo cual no deja de ser sorprendente porque la Torá no suele darle realce al amor romántico. Cuando Jacob vio a Raquel, fue tal su pasión por ella que alzó una enorme piedra que cubría la boca de un pozo (una hazaña sobrehumana) para que ella pudiera darle de beber a sus ovejas. Es una escena romántica, dulce.

Jacob trabajó durante siete años por el privilegio de hacer de Raquel su esposa. Al cabo de ese tiempo, en la noche en la que se suponía que él iría a "casarse" con su amor verdadero, su tío se burló de él. Jacob resultó durmiendo con Lea. Cómo es que él no se dio cuenta de quién era la que había entrado en su tienda es sin duda una gran pregunta; pero cualquiera entre ustedes que haya amado puede perfectamente sentirse en solidaridad con él.

Cuando supe de esta historia siendo niña, me la contaron de manera tal que, cómo no, desde luego, uno tenía que estar del lado del amor (al fin de cuentas mi generación fue educada por Disney). Ya no la leo así, pero es inevitable no simpatizar con Jacob. Sin embargo, en el siguiente paso, la mayoría de quienes leen este relato se solidarizan con Lea, se ponen de su lado. Su padre había montado toda una situación que la llevaría a quedar atascada en un matrimonio con un hombre que la aborrecía.

El texto dice que los ojos de Lea eran "débiles". La palabra que describe sus ojos es difícil de traducir. Puede que su significado sea "encantadores", o bien "suaves antes que agudos". También es posible que signifique que sus ojos eran más sensibles al dolor del mundo. La descripción no necesariamente significa que hubiera algo en ella que la hiciera desagradable.

Según la tradición, Lea era la prima con la que Esaú se iba a casar. El hermano mayor para la hermana mayor. Es posible que los ojos de Lea estuvieran tristes porque ella quería casarse con el hermano rudo, aventurero, de pelo en pecho, y no con el hermano menor que prefería quedarse bajo techo y no sabía nada de cacería.

Cualquiera que haya sido el caso, el asunto de los ojos no es un comentario acerca de los pros y los contra de los atractivos de Lea, como si su apariencia física pudiera de alguna manera constituirse en la razón por la que ella no era amada. En este punto, Jacob no es un hombre compasivo. El resultado de sus acciones es devastador para Lea. Ella tan solo quiere que su esposo la ame. Y no es amada.

Además, si es que aún esperan encontrar algún respiro dirigiéndole de alguna manera a la hermana menor, la chica hermosa, un juicio de rectitud, les cuento que la historia tampoco se orienta hacia allá. Quienes leen el relato descubren inmediatamente que Raquel es estéril. El deseo de su corazón es tener hijos. Hay un momento en el que ella dice que si no tiene un hijo se va a morir. En esa ocasión, Jacob se salió de casillas. Nada raro. Es algo típicamente humano. La pasión de Jacob es por ella; la pasión de Raquel no es tanto por él, es por los hijos.

El deseo del corazón de Lea es tener un esposo que la ame. El deseo del corazón de Raquel es tener hijos. El deseo el corazón de Jacob es por Raquel.

Nadie obtiene el deseo de su corazón.

Nadie está satisfecho; nadie, ni siquiera quienes leen este historia, quizás debido a que la satisfacción consiste en poder tomar partido. En realidad, uno no termina de decidir de qué lado está, cuando ya se le arroja a otro. Es una forma brillante de narrar un relato (o puede que sea así como el Espíritu se mueve).

Antes de morir, Jacob dice: "Pocos y atribulados han sido los años de mi vida". Este es el Jacob que lucha contra Dios y que después es conocido como Israel. Este es Israel. Las doce tribus de Israel recibieron sus nombres por los doce hijos de Jacob que provinieron de ese triángulo demente, fracturado, competitivo e insatisfecho. ¡Vaya historia de un origen!

Avivah Zornberg, un especialista en la Torá, afirma: "Jacob tiene que casarse con dos esposas porque su 'casa' tiene que representar una verdad acerca de la existencia en este mundo, la verdad de las perspectivas fracturadas". Es posible que si absorbiéramos esa verdad podríamos arrastrarnos un poco más allá de la parálisis que nos producen nuestras divisiones fundamentadas en la rectitud, en lo que es correcto.

Hay celos, competencia y tristeza, pero las dos hermanas y sus esclavas (Bilha y Zilpa también juegan papales importantes en la conformación del pueblo de Israel) dan a luz a una gran familia, cumpliendo así la promesa de Dios de que los descendientes de Abraham serían numerosos.

19

Esa familia va a tener toda suerte de problemas. Ella es el pueblo de Dios, el pueblo que Dios prometió que nunca iría a abandonar. A pesar de las dimensiones colosales de sus disfunciones, son los amados y las amadas de Dios. Ellos y ellas son a quienes se les encargó la misión de Dios a todos los rincones del mundo.

James Allison, uno de mis teólogos vivos favoritos, dice: "Mentir viene de manera natural; la verdad es resultado de una práctica ardua". Allison sostiene que todas las formas que tenemos para estar juntos son resultado de las mentiras porque nuestras perspectivas, nuestra educación, nuestra imaginación, las estructuras de nuestra conciencia, nuestras identidades se han formado completamente a partir de los relatos de exclusión que nos permite separar nuestras identidades de las de los demás (las de los ventajosos, los avaros, los injustos, los ignorantes, los intrigantes y mentirosos, los chicos malos: "ellos"). La verdad, sin embargo, es que no hay tal cosa como "nosotros vs. Ellos"; hay tan solo NOSOTROS. Todos somos pecadores y estamos en la necesidad de recibir misericordia; y todos somos hijos e hijas de Dios. Al parecer, la Biblia se esfuerza por revelárnoslo.

Es una verdad supremamente ardua como para que la practiquemos, porque es una verdad que involucra tener conciencia de que lo que tenemos por dentro es el mismo material que nos lleva a sentir indignación por los demás. Es un trabajo arduo que incluye mirar que dentro de nosotros yacen el odio, el temor y la avaricia. Es un trabajo humillante, uno que te educa en humildad.

Los mentirosos y los manipuladores y los de ojos débiles y los hermosos, los liberales y los conservadores, los socialistas y los nacionalistas, todos juntos formamos parte del pueblo de Dios. Nosotros y nosotras procedemos con misericordia (si es que actuamos del todo). Puede ser que solo consigamos asomarnos brevemente a la misericordia cuando nuestros corazones se quebranten y se abran. Esto sí resuena para mí como una historia cierta.

Háganles el bien a quienes los odian. Traten de amar a la hermana o al hermano con quien sienten que están rivalizando. No es nada fácil. Requiere práctica. Pero es a eso a lo que Dios nos llama. Cuando participamos de la comunión, aceptamos un cuerpo que ha sido quebrantado. Lo tomamos, dentro de nosotros, para que nuestros corazones puedan quebrantarse.

Y abrirse.

MUJER DESEABLE: LA ESPOSA DE POTIFAR

José, entonces, fue llevado a Egipto, y Potifar, un oficial de Faraón, el capitán de la guardia, un egipcio, se lo compró a los ismaelitas que lo habían traído hasta ese sitio. El Señor estaba con José, y él llegó a ser un hombre exitoso; él estaba en la casa de su amo, el egipcio. Su amo vio que el Señor estaba con él, y que el Señor lo había hecho prosperar. Fue así como José halló favor ante los ojos de su amo, y le servía. Potifar lo hizo supervisor de toda su casa y lo puso a cargo de todo lo que él tenía. A partir del momento en que él lo nombró supervisor de su casa y de todo lo que él tenía, el Señor bendijo la casa del egipcio por amor a José; la bendición del Señor estaba en todo lo que él hacía, tanto en la casa como en el campo. Así que el egipcio dejaba todo en manos de José; y, con él a cargo, no se preocupaba por nada, sino por la comida que comía.

He aquí que José era hermoso y de buen parecer.

Después de un tiempo, la esposa de su amo puso sus ojos sobre José y le dijo: "Acuéstate conmigo". Pero él rehusó hacerlo y le dijo a la esposa de su amo: "Mira, conmigo aquí, mi señor no se preocupa por nada acerca de su casa, y él ha puesto en mis manos todo lo que él posee. No hay nadie más grande en esta casa que yo, aparte de mi señor, pues él no ha escatimado nada en relación conmigo sino a ti, pues eres su esposa. ¿Cómo podría yo, pues, hacer un mal tan grande y pecar contra Dios?". Y aunque ella le hablaba a José día tras día, él no consentía en acostarse con ella ni tampoco en llegarse a ella. Un día, sin embargo, cuando él entró en la casa, ella lo tomó por sus ropas, diciendo "¡Acuéstate conmigo!". Pero él dejó sus vestidos en sus manos, y huyó y salió del lugar. Cuando ella vio que él había dejado sus ropas en su mano y que había huido, llamó a los siervos de la casa y les dijo: "¡Mirad, mi esposo trajo a esta casa a un hebreo para que nos insultara! Él entró para acostarse conmigo, y grité en voz alta; y cuando me oyó alzar mi voz y gritar, dejó su ropa a mi lado y huyó afuera". Luego ella conservó sus vestidos hasta que su señor llegó a la casa, y le contó la misma historia, diciendo: "El siervo hebreo, el que trajiste a la casa para que esté con nosotros, llegó a mí y me insultó, pero tan pronto como yo alcé mi voz y grité, él dejó su ropa a mi lado y huyó afuera". Cuando su amo oyó esas palabras que su esposa le había dicho, "Es así como tu siervo me ha tratado", montó en cólera. Y el amo de José lo tomó y lo puso en la cárcel, en el lugar en el que están confinados los prisioneros del rey; y permaneció allá en la prisión. Pero el Señor estaba con José y le mostró su amor constante; hizo que José obtuviera gracia ante los ojos del jefe de los carceleros. El jefe de los carceleros lo puso a cargo de los otros prisioneros que estaban en la cárcel, y cualquier cosa que se hacía, era José quien se encargaba de ejecutarla. El jefe de los carceleros no tenía por qué preocuparse de lo que José tenía a su cargo porque el Señor estaba con José; y todo lo que él hacía, el Señor lo prosperaba.

Génesis 39:1-23

25

Últimamente me han sorprendido las limitaciones de mi propia perspectiva: cómo la acumulación de mis experiencias particulares, mi ubicación en el mundo y la forma en la que mi cerebro funciona limitan lo que puedo saber.

Solo tengo dos ojos en la parte delantera de mi cabeza. La mayoría de las arañas tienen ocho que abarcan todos los lados de su cabeza. Imaginen nada más la perspectiva que pueden tener. Las cabras y los gecos (hay quienes los conocen como *geckos*) pueden ver en casi todas las direcciones a la vez. Nuestra visión como seres humanos finitos es bastante estrecha. Nuestra capacidad de comprensión es minúscula cuando pensamos en las vastas extensiones de tiempo y espacio. Cada una y cada uno de nosotros por separado somos realmente incapaces de abarcarlo todo.

Cuando leí esta historia de la esposa de Potifar y José (desde mi perspectiva, obviamente), pensé, ¡carajo! Qué gran historia para incluir en las narraciones fundantes de las Escrituras, ¿no?: una acusación falsa de violación que manda a un hombre inocente a la cárcel. Ya empezaba a imaginar una cierta subcultura misógina sintiéndose reivindicada al encontrar algo así en la historia en nuestro libro sagrado. No me equivoqué al hacerlo. Una búsqueda rápida en internet sobre "esposa de Potifar y José" me llevó al blog *Return of the Kings.* El *Regreso de los Reyes*, o ROK, "tiene como objetivo marcar el comienzo del regreso del hombre masculino a un mundo donde la masculinidad está siendo cada vez más castigada y avergonzada... (permitiendo) que las mujeres afirmen su superioridad y control sobre los hombres".

ROK presenta una amplia variedad de blogueros que escriben sobre temas como "Maneras mediante las cuales el movimiento por la igualdad tiraniza a los hombres", "Cómo se manufacturó una cultura de violación para librar una guerra injusta contra los hombres", "Por qué el regreso a una mentalidad cristiana medieval podría salvar la masculinidad", o esta que es bien característica: "Mujer padece un colapso en línea luego de haber sido rechazada por un hombre por ser demasiado musculosa". También hay uno sobre los senos de Emma Watson.

En un artículo que encontré en ese sitio en la red, el autor se vale de la misma historia de la esposa de Potifar para comprobar lo poco que han cambiado las mujeres desde la antigüedad: las mujeres siempre están tratando de quitarles el poder a los hombres, levantando acusaciones falsas de mala conducta. No solo eso. Además, intentamos forzar a nuestras víctimas, según Oscar, a "la aceptación de las gordas y la exoneración de las putas", todo con el fin de esclavizar a los hombres a mujeres indeseables.

Creo que la perspectiva de este pobre Oscar es limitada. Sin embargo, tengo que decir que los comentarios de mentes cristianas no son mil veces mejor: Juan Crisóstomo, un muy amado padre de la iglesia del siglo IV, usa esa misma historia para sermonear sobre la mujer satánica, la criatura irracional, inmoral, lasciva, que está al acecho esperando atrapar a hombres buenos, racionales y virtuosos.

Infortunadamente, este tipo de pensamiento es un rasgo definitorio de las actitudes de las comunidades cristianas desde sus primeros tiempos: una característica que ha permanecido durante bastante tiempo, en detrimento de la mujer, obviamente, y yo diría también, de la sexualidad humana en general.

La historia de José y la esposa de Potifar es probable-

27

mente mucho más antigua que el mismo Génesis. Una historia similar aparece en un papiro egipcio antiguo que se conserva en el Museo Británico y que data del 1200 a. C. No creo que vayamos a desenterrar lo que ese egipcio de antaño pudo haber pensado o querido decir cuando escribió ese papiro, pero puedo decir que a lo largo de la historia del imperio cristiano occidental, la Sra. Potifar ha sido ya suficientemente vilipendiada por los hombres, pero también les ha resultado aparentemente fascinante. Ella es una mujer misteriosamente seductora, depredadora, una especie de personaje común: la *femme fatale*.

La esposa de Potifar es un tema popular en el arte occidental. Rembrandt hizo un grabado de la escena que se consideró "sin precedentes en su franqueza erótica" debido a su representación explícita de las partes femeninas de la Sra. Potifar. El artista pudo haber querido exponer una noción que se había filtrado desde la antigüedad hasta la Holanda del siglo XVII, según la cual los órganos reproductores de la mujer ansiaban insaciablemente la semilla masculina. Como mujer, yo no lo pondría del todo en esos términos. En el grabado, ella parece desesperada. Él parece sentirse asqueado.

En realidad, el texto no pinta una escena tan explícita. La presencia de la Sra. Potifar como personaje de una historia de la Biblia no es permanente. Ella no tiene nombre. No sabemos si era joven o vieja, no tenemos datos de su apariencia física. Ella parece ser más un ardid de la trama de un relato que busca, en realidad, mostrar lo honrado que José era y cómo el Señor estaba con él, mostrándole su amor inquebrantable. Ella permite que la historia avance.

José necesita ir a la cárcel, llegar a las profundidades, para luego poder elevarse a las alturas y convertirse en segundo al mando después del faraón para que sus hermanos, el pueblo hebreo, terminen mudándose a Egipto y, posteriormente, convirtiéndose en esclavos para que, luego, puedan ser liberados en el éxodo.

Ella no es un personaje muy importante en ese relato, pero ha capturado toda la atención en la historia de la interpretación, como si fuese una bandera roja gigante que les advierte a los hombres que el peligro es real: cuidado con el deseo femenino y con el cuerpo en general.

José fue un gran héroe para los monjes cristianos. Esto es lo que canta un himno del siglo III: "Que mi amor sea puro, y que el amor pecaminoso me repugne para que, como José impoluto, pueda yo evitar las tentaciones de la carne y, habiendo desechado las cadenas del cuerpo, estar libre de pecado y dejarle al mundo los despojos de la carne. Es el momento de poner los abrazos a distancia".

Tal vez esté siendo reduccionista, pero no me parece que orar para que nos sobrecoja el disgusto y liberarnos de las cadenas del cuerpo sea una buena dirección para tomar. Sí, ya sé, es un himno de hace mucho tiempo, pero no creo que el mundo cristiano occidental haya superado esa mentalidad.

29

El invitado a *On Being* (un podcast presentado por Krista Tippet), lo dijo precisamente la otra noche (en pleno siglo XXI): "El mundo occidental, sorprendentemente, está sin cuerpo". Estas son cosas que siguen arruinándole la vida a mucha gente. Todavía no hemos descubierto cómo abrazar la existencia corporal, cómo amarla a pesar de su dificultad, que se admite.

Estar insatisfechos con nuestros propios cuerpos, o sentirnos desagradecidos por ellos, por nuestra propia carne, es casi una forma de vida en nuestra cultura. Parece que no podemos deshacernos de la creencia de que si de alguna manera pudiéramos existir –en el ámbito de la razón, o del espíritu, o de la tecnología– puras en algún lugar, a salvo de los efectos del metabolismo y de la edad, nos salvaríamos; estaríamos a salvo si tan solo pudiéramos conseguir que nuestra mente o espíritu trascendiese su sistema de apoyo físico.

Es desconcertante que una porción importante de esa mentalidad provenga de la tradición cristiana que se centra en una historia que habla de un Dios que obtiene un cuerpo. No obstante, nunca hemos podido sacudirnos del todo el miedo o aprensión por los cuerpos.

En los primeros comentarios cristianos sobre el texto, José es la razón pura. La esposa de Potifar se rige por el deseo apasionado. Él es superior a ella en todos los sentidos. Ella es una mera molestia para su dignidad. ¿Podrá ella alguna vez ser redimida?

Los intérpretes judíos en el período rabínico pasaron mucho tiempo especulando sobre esta escena. Pero esas meditaciones tienen un tono muy diferente al de la especulación cristiana. No hay en ellas un sentido de que sea deseable deshacerse de las cadenas del cuerpo. Se trata más bien de cómo José se las arregló para lidiar con la situación como un ser humano decididamente encarnado. Los comentaristas rabínicos se preguntan sobre el estado mental y corporal de José. ¿Fue él, acaso, tentado? ¿O no?

Posiblemente, José tenía la intención de acostarse con la Sra. Potifar, pero Dios lo salvó. Los rabinos se preguntan acerca de esta frase: "José un día entró en la casa para hacer su trabajo, pero no había ni un hombre allá adentro". Ellos se preguntan si esto no es quizás una especie de eufemismo. Los rabinos hasta me hacen dar risa. Lo que quiero decir es que ellos realmente pueden ser graciosos. Se preguntan si todo esto no es más que un eufemismo, con lo que apuntan a que José quería estar con la Sra. Potifar, pero que sus partes masculinas no colaboraron. Esta es una línea de cuestionamiento muy enraizada en un cuerpo humano.

En la mayoría de los comentarios rabínicos, José es decididamente de carne y hueso. Y la Sra. Potifar no es del todo mala todo el tiempo, porque José es supremamente hermoso y el esposo de ella, un eunuco (hay una palabra que se puede traducir así). Ya pueden ver, entonces, desde dónde procede la dama. Para muchos intérpretes judíos, la

31

Sra. Potifar es un personaje con el que se simpatiza, no un depredador satánico.

No parece mala idea despertarse cada mañana y pedirle a Dios que seamos conscientes, en la vida concreta, de las limitaciones de nuestra perspectiva: tener conciencia de las limitaciones de nuestra perspectiva puede darnos motivos para tener esperanza.

La historia de José y la esposa de Potifar también aparece en el Corán. En la tradición islámica, la Sra. Potifar recibe un nombre. ¡Un nombre! Zulaykha. En el Corán, José es un hombre con cuerpo, carne y sangre. Incluso uno puede darse cuenta de que tiene sentimientos. No estoy bromeando: sentimientos. El Corán dice: "Ella quería involucrarse con él y él quería involucrarse con ella". Hay un entusiasmo mutuo por el encuentro. Pero una señal de Dios le impide a José obrar mal.

Un intérprete islámico dice que Zulaykha cerró las puertas. José fue a aflojarse los pantalones, y entonces, de repente, la figura del padre de José apareció en la habitación, lo cual disminuyó efectivamente el calor del encuentro.

Al igual que sucede en los comentarios judíos, algunos de los intérpretes en el islam tienen sentido del humor (característica que, muy a nuestro pesar, no se encuentra en la interpretación cristiana). En la tradición islámica, las otras mujeres de la ciudad se enteran del encuentro y empiezan a cotillear sobre Zulaykha. En su chismorreo, dicen: "Qué forma vergonzosa para una mujer distinguida comportarse así con un esclavo". Entonces Zulaykha las invita a todas a disfrutar de un té. Se sientan, ella les reparte fruta y les da unos cuchillos pequeños para cortar la fruta.

Luego, Zulaykha trae a José. Es tan hermoso que todas quedan hipnotizadas. La verdad es que están tan absortas en su belleza que se cortan con los cuchillos y ni siquiera se dan cuenta de lo que están haciendo. Tampoco sienten el dolor porque él es tan precioso. José es tan atractivo que todas las mujeres arden en deseo al igual que Zulaykha.

El énfasis en la belleza irresistible de José y en la humanización de la esposa de Potifar allana el camino para que los intérpretes posteriores lean la relación como una historia de amor antes que la de una *femme fatale*. Esto es refrescante.

Se dice que el Profeta Mahoma reveló que, cuando conoció a José, él vio que Alá lo había bendecido con la mitad de la belleza del mundo entero, mientras que la otra mitad la había repartido al resto.

Eso es mucha belleza.

Esta historia se cuenta y se vuelve a contar en el Islam. Se expande. En algunas versiones, después de que José ha ido a la cárcel por su propia voluntad para obtener un poco de paz de todas las mujeres de la ciudad que tanto lo desean, Zulaykha se desanima. Ella no puede soportar la vida sin él. No puede dormir. Su marido pierde su brillo social. Ella no solo se empobrece, sino que queda sin hogar y, literalmente, se vuelve ciega de tanto llorar por José.

Un día, lo huele al pasar por la calle y se arroja frente a él. Ella pierde el conocimiento. José también (no estoy segura de qué quiere decir todo esto). Pero cuando vuelve en sí, quiere ayudarla. José le dice: "Oh, Zulaykha, ¿qué necesitas?". Ella responde: "Solo necesito verte una vez más".

José, entonces, ora a Dios, y Zulaykha no solo recupera la vista, sino que también le es restaurada su juventud. José y Zulaykha se casan. Y cuando finalmente consuman la relación, él le dice: "¿No es esto mucho mejor de lo que hubiera sido si no nos lo hubiéramos prometido ya el uno al otro en amor?".

Puede que sea, después de todo, la tan esperada historia con final feliz, pero también es profundamente redentora.

En el islam, la comunidad de lectores, los amantes de Dios y los receptores de su amor transforman a la esposa de Potifar de mujer temida a mujer perdonada, restaurada y satisfecha. En los textos sufíes, ella se convierte en una mujer a emular. Es admirada. La belleza apasionante del luminoso José viene a representar la fuente divina de luz y verdad y amor.

El anhelo de Zulaykha por José viene a representar *el anhelo del alma por Dios.* Hay un amor ilimitado y un dolor insondable en la búsqueda de la unión con el amado esquivo. A los fieles se les invita a relacionarse con este anhelo. Ella no es una mujer lasciva enloquecida por un apetito aterrador. Es el yo que lamenta la distancia, la inaccesibilidad y la ausencia del amado, el anhelo de ser sostenido en los brazos de la gracia. Los musulmanes aman a Zulaykha por su amor apasionado a Dios. Su nombre es uno de los preferidos para las niñas de las familias de ese credo.

En este momento en que la división amenaza con destruirnos, es saludable reconocer que estando junto podemos llegar a dimensiones mayores de verdad de la que cualquiera puede obtener por su propia cuenta. Es mi esperanza que haya todo tipo de cosas, todas ellas hermosas, que todavía no puedo percibir desde mi perspectiva y que con el tiempo podré vislumbrar.

La Sra. Potifar no se desentierra ella sola de las profundidades de la infamia. No se redime a sí misma. La comunidad es la que opera ese milagro a lo largo del tiempo, tras períodos dilatados y con la participación de muchas perspectivas.

Yo sé que Crisóstomo y los monjes antiguos y el tipo del *Regreso de los Reyes* y tú y yo no somos tan solo personajes de una historia, sino que somos parte de un relato largo y complicado. Y aunque parece casi imposible verlo desde nuestra perspectiva, creo que podemos confiar en que Dios se las va a ingeniar para, a través de la comunidad, redimirnos y restaurarnos a todos (misóginos, gnósticos, mujeres que odian sus cuerpos). ¿De qué otra manera Dios actúa sino es a través de su pueblo descabellado, estúpido, hermoso, desordenado, tenso, imaginativo y creativo para redimir al mundo, *a todo el mundo*, a lo largo del tiempo?

Nos necesitamos unos a otros, todas juntas, todos juntos, definidos en términos generales. Y no es tan fácil, pero yo creo que debemos vivir tanto como sea posible en la esperanza, aunque apenas podamos alguna vez concebirla. Y actuar con esperanza. Y obrar un poco más con esperanza, ya sea abriéndole la puerta a un gato extraviado o socavando un sistema injusto. Nos unimos como iglesia en comunidad para confesar nuestra necesidad mutua del uno con respecto del otro.

LA ENFERMEDAD DEL IMPERIO: LAS PARTERAS DEL ÉXODO

He aquí que se levantó un nuevo rey sobre Egipto, que no conocía a José. Él le dijo a su pueblo:

"Mirad, el pueblo israelita es más numeroso y más poderoso que nosotros. Venid, tratemos con astucia con ellos, o aumentarán y, en caso de guerra, se unirán a nuestros enemigos y lucharán contra nosotros y escaparán de la tierra". Por lo tanto, establecieron capataces sobre ellos para oprimirlos con trabajos forzados. Así construyeron las ciudades de suministro, Pión y Ramsés, para el faraón. Pero cuanto más oprimidos eran, más se multiplicaban y se extendían, de modo que los egipcios llegaron a temer a los israelitas. Los egipcios se volvieron

implacables al imponerles tareas a los israelitas y les amargaron sus vidas con duro servicio en el trabajo de producir mortero y ladrillo y en todo tipo de labores del campo. Ellos eran implacables en todas las tareas que les imponían.

El rey de Egipto les dijo a las parteras hebreas, una de las cuales se llamaba Sifrá y la otra Fuvá: "Cuando actuéis como parteras de las mujeres hebreas, y las veáis en la labor del parto, si es un niño, matadlo; pero si es niña, vivirá". Pero las parteras temían a Dios; no hicieron lo que les ordenó el rey de Egipto, sino que dejaron que los muchachos vivieran. Entonces el rey de Egipto llamó a las parteras y les dijo: "¿Por qué habéis hecho esto permitiendo que los niños vivan?". Las parteras le dijeron al faraón: "Porque las mujeres hebreas no son como las egipcias; son vigorosas y dan a luz antes de que la partera venga a ellas". Así que Dios trató bien a las parteras; y el pueblo se multiplicó y se hizo muy fuerte. Y como las parteras temían a Dios, él les permitió multiplicarse.

Éxodo 1: 8-21

El hombre más poderoso del país es arrogante, paranoico y no tiene ninguna inclinación particular a usar su poder para el bien. Esto suena familiar. A este monarca le produce miedo que quienes no son como él se están volviendo demasiado numerosos. Teme que ellos también se vuelvan poderosos y amenacen su sentido de cómo deben ser las cosas. Por eso los aflige, los oprime, los abruma con trabajos y los esclaviza. Cuando estas medidas no logran su cometido, el rey decide empezar a matarlos directamente. "Cuando vean que mujer entra en trabajo de parto –les dice a las parteras–, si es un hijo, mátenlo". Todo es tan desolador, tan desesperadamente desolador. ¿Cómo puede el pueblo escapar de la tiranía de un rey cruel?

Los antiguos rabinos hablan de que los efectos de los decretos reales más insidiosos que el trabajo forzado o las cadenas físicas eran los de la tiranía que infecta el alma, los corazones y la mente del pueblo. Todo ese conjunto de medidas afligía a la gente con una especie de inercia paralizante; privaba a sus mentes de cualquier tipo de posibilidad realmente imaginativa. Los rabinos hablan de este fenómeno en términos de la *Enfermedad egipcia*, aunque dada la propensión en nuestros días a la xenofobia, sería prudente (y más significativo) referirse a ella como *la Enfermedad del Imperio*. *La Enfermedad del Imperio* no es algo confinado al pasado histórico, según los rabinos, sino que es una amenaza perpetua a la redención y la transformación.

Es una enfermedad que puede contagiarnos en cualquier momento.

Los israelitas están tan afectados por la enfermedad que, una vez que salen de Egipto, Moisés sigue preguntándose si ese pueblo está apto para la redención, si es capaz de ser libre. Así aparece una y otra vez en el libro de Éxodo. Moisés lidera al pueblo fuera de Egipto, fuera del control del faraón. ¡Se escapan! Pero ellos no hacen más que cuestionarse si es eso lo que debieron haber hecho. Apenas salen, empiezan a quejarse con Moisés y le preguntan sarcásticamente: "¿Es porque no hay tumbas en Egipto que nos trajiste a morir en el desierto? ¿Qué nos has hecho al sacarnos de Egipto? ¿No fue esto lo que te dijimos cuando estábamos en Egipto? Déjanos solos y volveremos y serviremos a los egipcios".

Los israelitas se quejan de que la comida era mejor cuando eran esclavos. Como pueblo, anhelan volver a Egipto y sentarse junto a las ollas de carne. No les gusta el desierto, es demasiado salvaje para ellos (como si la esclavitud representara alguna seguridad retorcida).

La verdad es que la lectura de ese relato se vuelve un poco irritante. Por supuesto, el desierto puede ser incómodo, pero ¿es que no pueden soportar estar un poco incómodos? ¡Son libres! Pero imagino que, tal vez, es difícil ser libre, liberar la mente de los grilletes de los poderes, cualesquiera que ellos sean.

Yo creo que *la Enfermedad del Imperio* es bastante común; es una cierta inercia difícil de superar, una incapacidad para imaginar una forma diferente. Sabemos que hay cosas que nos esclavizan: los combustibles fósiles, los algoritmos de Internet, los sistemas que mantienen a los ricos más ricos y los pobres cada vez más pobres, la supremacía blanca. Parece como si pudiéramos salir de todo eso, pero no lo hacemos. Entendemos el sistema del poder. Es a lo que estamos acostumbrados. Las alternativas son difíciles de imaginar. *La Enfermedad del Imperio* es la enfermedad de creer que eso es así y que así será. No hay esperanza para nada maravillosamente nuevo y diferente. Es difícil e incómodo salir de Egipto. Pero ese peregrinaje escabroso es una parte necesaria de la redención. Es liberación.

El estado del corazón del faraón pone en evidencia la *Enfermedad del Imperio*: endurecimiento, insensibilidad. Un corazón duro es uno de los síntomas de la enfermedad, un corazón incapaz de ablandarse o de quebrarse; la intolerancia a la vulnerabilidad.

Los relatos midrásicos afirman que el control totalitario era tan omnipresente que "nunca ningún esclavo se escapó alguna vez de Egipto". La situación parece completamente desesperada por todas partes, hasta que (me encantan estas historias) las parteras aparecen en escena. ¿Necesitan que nazca algo nuevo? Háganse a un lado, caballeros, traigan a las damas.

El libro del Éxodo comienza dando los nombres de los hijos de Jacob: los hombres israelitas, los patriarcas que han muerto. Luego, de repente, deja de nombrar a personas y simplemente pasa a relatar una multiplicación de gente, anónima. Bien podrían leer la multiplicación como algo bueno, pero una de las palabras empleadas aquí para *multiplicar* no es muy elogiosa. Es un vocablo vinculado a un reptil, o una reproducción parecida a insecto. Hay mucha especulación midrásica sobre el término. Seforno, un comentarista judío del siglo XVI, dice que esa es una indicación de que el pueblo ya no florecía de manera fructífera, sino que se había convertido en una masa de conformistas individualizados.

42

¿Y quiénes son las primeras personas en ser nombradas nuevamente entre las masas de conformistas? Ya no son patriarcas. No hay David, ni Jacob, ni Pedro, ni Luis. No hay ningún Jorge, ni Marcos, ni Ricardo, ni Henry. Los nombres que suenan son Sifrá y Fuvá: mujeres; mujeres que resistirán al rey. Mujeres que se levantarán contra la supremacía. Las mujeres son las que van a romper el control de la tiranía. Sifrá y Fuvá: sus nombres, según el Midrash, le hacen eco a los sonidos de las mujeres en trabajo de parto.

¿Qué es lo que puede redimir a este pueblo? ¿Qué es lo que va a ampliar sus posibilidades? ¿Qué va a revitalizar una mente conformista? ¿Qué puede movilizar una visión contestataria al edicto totalitario del emperador? ¿Qué es lo que va a liberar al pueblo de su servicio a mortero y ladrillos? Son las mujeres. Esta no es una historia que me esté inventando.

Hubo mujeres en el Génesis y habrá más mujeres en la Biblia, por supuesto, pero sobre todo va a haber relatos acerca de hombres. Sin embargo, en esta coyuntura más crítica, la del éxodo, son las mujeres las que echan a rodar los acontecimientos.

El duro y amargo servicio a argamasa y ladrillos no impide que los israelitas se reproduzcan, por lo que el faraón va a hablar con las parteras. Él les ordena que empiecen por matar a los bebés. Cuando lleguen a atender a una mujer en trabajo de parto, las parteras deben determinar si la criatura es un niño o una niña; y, si es un niño, se supone que deben matarlo.

Pero las mujeres no hicieron de lo que el rey de Egipto les había ordenado. Ellas permitieron que los varoncitos vivieran. Ellas desobedecieron al rey. No siguieron sus reglas. Estas mujeres rompieron el hechizo de conformidad, semejante a la del insecto, y así dieron inicio a un relato alternativo del Éxodo: el relato de la redención y de la libertad de la tiranía.

Por supuesto, el rey no está contento con lo que están haciendo las parteras. Él las convoca y nuevamente les exige: "¿Por qué habéis dejado que los niños vivan?". Pero ellas no parecen intimidarse ante un hombre tan poderoso. Su poder no las impresiona ni las cohíbe. Tal vez es

porque ellas dedican su tiempo a dar a luz a bebés (pequeños bebés, nuevas-vidas-poderosas-en-su-impotencia).
Su enfoque nunca ha estado en algo tan rígido como los
ladrillos. Ellas están familiarizadas con otra historia, con
otro poder que es casi opuesto al del ladrillo grande, duro
y rígido, como el poder. Marcan el comienzo de la vida en
el mundo, cada día una nueva creación.

Las parteras le dicen al faraón (y esto me parece muy
divertido) que no han podido matar a los bebés porque las
madres hebreas, a diferencia de las egipcias, son tan vigorosas que dan a luz tan rápido que las parteras ni siquiera
pueden llegar a tiempo (imagínense eso: parteras que co-
rren, bebés que ya han brotado de todas partes).

Puede que lo aquí tenemos sea una historia escanda-
losa, pero estas parteras no tienen miedo de aventurarse.
Las mujeres son tan irreprimiblemente fructíferas que desafían el edicto egipcio con sus cuerpos: ellas y sus cuerpos crean nueva vida. Ese es, en cierto sentido, el significado de la redención: vida floreciente (frutas, árboles, flores,
arte, canciones, poemas, creación). Es el relato opuesto a
la falta de vida. Es la muerte que se deshace.

Las parteras no obedecen al rey. Ellas cuentan una historia creativa: las mujeres son demasiado rápidas, demasiado fuertes como para que su edicto prevalezca. Las mujeres son demasiado vigorosas. Otra traducción del hebreo
es simplemente "estas mujeres están vivas". La historia de
las parteras crea un mundo alternativo al que impone el

44

faraón, donde la vida y el nacimiento suceden sin que se les pueda reprimir. ¡Estas parteras! Son de las mías.

Si revisamos los comentarios cristianos sobre este texto, vamos a encontrar que primero Agustín y luego muchos hombres medievales (Tomás de Aquino, Pedro Mártir, Gregorio de Nisa) centraron su atención en la idea de que las parteras mintieron. Ellos se valieron de esta historia para sustentar sus tratados sobre la mentira, para examinar si la mentira alguna vez es permisible. La conclusión a la que llegaron es que no; mentir no está permitido. Las mentiras de las parteras eran censurables y sin duda les impidió recibir la verdadera recompensa de la vida eterna.

Esta misma fijación con el problema de las parteras mentirosas persiste en la exégesis de la Reforma. Calvino argumenta que, seguramente, ellas no agradaron a Dios, aunque Dios les mostró gran paciencia y las perdonó.

¡Ay Dios! ¿Qué es toda esa mierda? ¡El Éxodo no ocurre sin ellas! En serio, nos tenemos que preguntar si es que todos estos hombres no estaban sufriendo de la *Enfermedad del Imperio*. ¡Vénganme a mí con rigidez y falta de imaginación!

Por otro lado, Rashi, un comentarista rabínico del siglo XI, advierte que hay historias de mujeres en todo el Génesis y que las mujeres juegan un papel muy importante en los primeros capítulos del Éxodo, pero luego, abruptamente, estas historias desaparecen casi por completo de las narraciones de los vagabundeos de Israel por el desierto. Es tan llamativa esa ausencia, que Rashi indica que las mujeres casi que se esfuman de los relatos después de esto porque, en realidad, no se involucran en los pecados del desierto. Las mujeres no participan, dice él, en la elaboración del becerro de oro. Ellas no se quejaron de las condiciones del desierto como lo hicieron los hombres. Cuando el texto dice "los hombres de Israel" no es porque haya una falla en el lenguaje inclusivo, sino que literalmente significa "los hombres de Israel". Las mujeres nunca quisieron regresar a Egipto. Ellas no tenían, como los hombres, nostalgia de la esclavitud.

Esta no es una lectura feminista del siglo XXI. Es la lectura de un varón francés medieval. Rashi dice: "En esa generación, las mujeres reparaban lo que los hombres derribaban".

Las mujeres sobreviven los cuarenta años vagando por el desierto, dice Rashi, porque a diferencia de los hombres, ellas amaban la tierra. Como afirma Avivah Zornberg, el erudito midrásico, "las mujeres, tienen una historia separada, oculta, que la superficie del texto no transmite", pero es una historia "fiel, amorosa y vital". Me gusta esta forma de leer.

Si hubiésemos escuchado más a las mujeres acerca de su tiempo con Dios en el desierto, tal vez toda la historia hubiera tenido otro tono. Los hombres se quejaban del maná: ellos quieren la carne, los pepinos, las cebollas y el ajo que solían comer en Egipto. Tal vez las mujeres estaban felices de no estar en la cocina preparando toda esa carne, cebollas y ajo.

Quizás, ellas estaban felices de no tener una casa que barrer, de no estar encerradas la mayor parte del tiempo. Quizás les gustaba acampar. Tal vez el desierto encarnaba para ellas la libertad. Los hombres se quejaban: las mujeres admiraban los nuevos músculos en sus piernas, la fuerza que habían adquirido. Es posible que para ellas el desierto no fuera privación. Quizás amaban la naturaleza, la cruda belleza del desierto. Quizás el desierto les enseñaba un valor novedoso y un nuevo respeto por ellas mismas que las mantuvo en marcha sin quejarse.

No sé. No sabemos nada de sus historias. Pero tiene sentido de que un pueblo (hombres y mujeres) cuya imaginación ha sido limitada y definida por los bastiones del poder haya necesitado un largo tiempo de vagar por el desierto para liberarse. Estaban aprendiendo, pero el aprendizaje de la libertad es un camino sinuoso, a menudo lento. Hay contratiempos. A veces se da marcha atrás a las viejas formas de ser, en lugar de convertirse en algo nuevo y flexible. En otras ocasiones hay gratitud y aprenden a amar.

El poder del faraón se nutre de fronteras endurecidas, de tomas de posturas sobre la base de alguna certeza y de demostraciones de poder. Dar a luz algo nuevo requiere vulnerabilidad. El amor implica una vulnerabilidad que las superpotencias no pueden crear.

La fe requiere imaginación para la bondad, la bondad de un Dios cuyo amor es infinito y todo lo abraza. Sin duda, la fe amplió los límites de la percepción. La fe implica la expansión de nuestras capacidades imaginativas.

Todo el arco de la narración bíblica nos llama a cuestionar los sistemas de poder vigentes y nos aporta historias que nos permiten cuestionarlo. El relato cristiano se trata de un Dios que renuncia al poder por amor, que anhela tan apasionadamente estar con nosotras y nosotros que se hace carne y habita en nuestro medio. Este no es el relato de una tiranía. Sin duda, tiene el potencial para revolucionar la imagen de Dios. Dios no exige servidumbre, sino que se da a sí mismo, a sí misma, nos da amor, para que podamos tener vida abundante. Somos libres. Que Dios nos ayude a avanzar a través de cualquier etapa de *la Enfermedad del Imperio* que estemos padeciendo, para que podamos realizar nuestra libertad más plenamente y cultivar imaginaciones fértiles por el bien de todas las personas y de la vida del planeta.

TODAS LAS MUJERES LA SEGUÍAN: MIRIAM

Cuando los caballos del faraón con sus carros y sus cocheros entraron al mar, el Señor hizo volver sobre ellos las aguas del mar; pero los israelitas caminaron a través del mar en tierra seca.

Entonces, la profeta Miriam, hermana de Aarón, tomó un pandero en su mano; y todas las mujeres salieron tras ella con panderos y danzas. Y Miriam les cantó:

"Cantad al Señor, porque ha triunfado gloriosamente;
caballo y jinete los arrojó al mar".

Éxodo 15:19-21

Después de las iniciativas liberadoras de las parteras, las historias de mujeres en el éxodo (como Rashi observó tan puntualmente) dejaron de ser comunes. Algunas de las pocas que nos han llegado son un tanto extrañas. Como aquella en la que Moisés va de regreso a Egipto, después del episodio de la zarza ardiente. Luego de haber sido llamado por Dios para sacar a la gente de la esclavitud, se detuvo a pasar la noche en su camino de regreso y "el Señor lo encontró y quiso matarlo", pero Séfora, la esposa de Moisés, tomó un pedernal y cortó el prepucio de su hijo, y "tocó" los "pies" de Moisés y dijo: "Ciertamente eres un esposo de sangre para mí", y el Señor dejó vivir a Moisés.

Decididas a elegir algunos pasajes que no suelen leerse en la iglesia para el Leccionario de Mujeres de *House of Mercy,* incluimos (quizás contra lo que se nos hubiera aconsejado) el relato sobre Séfora y el prepucio. Mi colega fue el que predicó al respecto. Como era de esperarse, él no estaba muy seguro de qué hacer con eso. Su sermón fue ante todo divertido (lo que con frecuencia no es un mal camino a seguir). Una de las cosas que más me hizo dar risa fue cuando reflexionó sobre lo que hubiera sucedido si Dios hubiese tenido éxito quitándole la vida a Moisés. Dijo: "No habría pasado nada. Toda la historia del éxodo de Egipto habría desaparecido, no se hubiera dado el trasegar por el desierto, no se hubiera dado la promulgación de la ley, ni David, ni los profetas, ni la división de los reinos en Israel, ni el exilio, ni el nacimiento de Jesús, ni los evangelios, ni la crucifixión, ni la resurrección, ni el Apocalipsis. No tendríamos nada de eso". Tendríamos una religión diferente, dijo, si Moisés hubiese muerto antes de regresar a Egipto (quizás no suene tan gracioso ahora, pero en su momento lo dijo con buen humor). Sin embargo, yo no podía dejar de pensar "espera, espera, espera, no, no, no".

¿Qué hubiera pasado en el mundo narrativo de la Biblia si Moisés no hubiera escapado de la muerte? En esos días, trabajaba en un sermón sobre Miriam, así que tenía ya algunas ideas. Si Moisés no hubiese estado allí para sacar al pueblo de Egipto, su hermana lo habría hecho. Esa sí que hubiera sido una historia interesante. ¿Y saben lo más desquiciado y hermoso que me da esperanza de que haya infinitas posibilidades alternativas? Hay rastros de esa historia en este libro tan raro que llamamos la Palabra de Dios; pero tienen que observar con paciencia, o tal vez con una especie de apertura demencial, porque (como sucede en la mayoría de los casos) el relato dominante repta hasta tomar el control.

Por otro lado, tal vez la imaginación requerida no sea tan demencial en absoluto; tal vez todo lo que se requiere es un poco de sentido común, o una especie de camino que se abre cuando, en lugar de seguir la historia real, se lee entre líneas (como lo demanda cualquier lectura que se considere buena).

¿Hay alguien que realmente crea que fue un hombre muy importante, temible y heroico el que sacó a toda una

51

nación de la esclavitud de Egipto? Lo que sea que las historias terminen contando sobre los grandes hombres de la historia, ya a estas alturas, por lo general nos damos cuenta de que las mayores hazañas se dieron, más bien, a partir de un esfuerzo comunitario. Claro que sí, hubo un Gandhi y un MLK, pero, ya saben, ellos realmente no lo hicieron solos.

Una narración simple sobre un héroe masculino actuando en solitario, de alguna manera puede ser más fácil de contar, pero sería una locura, casi una irresponsabilidad, creer que tales mitos describen acontecimientos tan perfectos, ¿no? Cuando finalmente escuchamos a las personas que han sido relegadas a los márgenes, nos damos cuenta de que los metarrelatos imponen una visión unificadora que puede servir a ciertos propósitos: con frecuencia, son los propósitos de las personas con poder, pero generalmente no le sirven así de bien a los demás.

Nuestras Escrituras –extrañas, complejas, hermosas y cubiertas por muchas capas– nos han acompañado en formas diversas durante tanto tiempo, que han pasado por las manos de muchos editores, algunos con agendas muy específicas; a veces, agendas que consolidan el poder. Por ejemplo, la gente que compiló las historias de los reyes. En esa tarea, pudo haberse filtrado una tendencia misógina ocasional. Las Escrituras no esconden las asperezas: las grietas en las historias oficiales suelen ser evidentes. Las agendas de consolidación de poder, aunque podamos detectarlas, nunca logran suavizar por completo el texto. Esto es parte del genio de la escritura hebrea: su capacidad para permitir la ambigüedad y provocar las preguntas. También me gusta pensar que algo tiene que ver el Espíritu Santo de Dios que está redimiendo al mundo a lo largo de la historia, a pesar de las agendas humanas miopes.

Cualquiera sea el caso, por el aspecto de las cosas, tanto las ocultas como las evidentes, hubo un relato, aparentemente fácil de ocultar, de una mujer, una líder, una profeta, y su nombre era Miriam. Ella ayudó a sacar a su pueblo de la esclavitud y a mantenerlo unido en el desierto. Miriam participó en las historias del nacimiento del pueblo de Israel, lo cual tiene sentido: una mujer involucrada en la historia del nacimiento de un pueblo.

Miriam jugó un papel importante en las historias de las mujeres disidentes en los primeros capítulos del libro del Éxodo. Hay un midrash que incluso imagina que ella era una de las parteras que desafiaron al faraón. La forma en que se cuenta la historia en Éxodo es que Miriam y su madre son las que mantienen a Moisés con vida después de que el faraón exigiera que todos los bebés varones fueran asesinados. Miriam se mantuvo pendiente de Moisés en la canasta que flotaba en el río hasta que la propia hija del faraón llegó a bañarse, vio al bebé, lo reconoció como uno de los niños hebreos condenados a muerte, y decidió desafiar a su padre y salvar al niño. Miriam conspiró con la hija del faraón. Entre las dos ideraron un plan. La princesa egipcia criaría a Moisés como si fuera suyo, frustrando así el edicto del faraón; pero en un momento bellamente subversivo y compasivo, Miriam arregló todo para que la madre del bebé pudiera seguir abrazándolo y cuidándolo (y, de paso, recibiera un pago de las arcas del faraón).

Las parteras desobedecieron frontalmente las órdenes del faraón. La madre de Moisés guardó a su hijo vivo, desafiando la prohibición imperial. Miriam, la esclava hebrea, y la hija del faraón, su acaudalado captor, colaboraron para mantener vivo a Moisés. No existen Moisés ni Éxodo sin estas mujeres que trabajaron entre sí más allá de líneas generacionales y enemigas, a través de diferencias culturales y de clase. El faraón es un gobernante solitario e implacable; las mujeres resisten juntas, trabajan juntas.

Velando por la fertilidad

En las ediciones rabínicas de la historia de Miriam, incluso antes de que Moisés sea concebido, ella actúa para salvar a su pueblo. Su padre es un hombre importante: es el jefe del consejo judío en el cautiverio egipcio. En estas historias midrásicas, él ha decidido que, debido al edicto del faraón sobre los hijos varones, no va a tener relaciones sexuales con su esposa. Se divorcia y los demás judíos siguen su ejemplo.

Miriam lo desafía, diciendo que su edicto es peor que el del faraón, porque no solo va a evitar que nazcan bebés varones, sino que nazca cualquier otro bebé. La vida va a dejar de ocurrir. Bajo el peso de los edictos del faraón, el padre de Miriam había perdido el valor para la creatividad. Miriam no se intimidó tan fácilmente. Ella convenció a su padre de que detuviera esa esterilidad impuesta, esa postura de negación de la vida, y pronto todos los hombres hebreos reanudaron sus relaciones con sus esposas. Miriam veló por la fertilidad de la resistencia. Los hebreos no murieron en esclavitud.

Hay incluso algo más

Aunque la historia del héroe masculino solitario es la que prevalece, la forma en la que el profeta Miqueas la cuenta –cuando Dios le recuerda al pueblo lo que ha hecho por ellos– pone a Dios a decir: "Yo te saqué de la tierra de Egipto y te redimí de la casa de esclavitud; y envié delante de ti a Moisés, a Aarón y a Miriam". Moisés, Aarón y Miriam, como si los tres fueran una especie de equipo, un triunvirato. Y desde tiempos antiguos, desde esos lugares lejanos de donde surgen estas historias, el enfoque de trabajo en equipo era común. Hubo una época en la que el liderazgo mitológico casi siempre tenía un lado femenino. No siempre fue todo "él" esto y "él" lo otro, sino que eran "ellos-ellas"; Osiris e Isis, Asera y El, Ishtar y Marduk: equipos de hermanos que ganaron gran popularidad. Históricamente, Egipto prefirió gobernantes en parejas: hermano/hermana. Y si ustedes tienen una vaga idea de cómo es que las cosas realmente funcionan en el mundo, le encontrarán mucho sentido a ese arreglo. Incluso si las mujeres no reciben un lugar prominente en el gran relato, ellas siempre están detrás de escena.

Por mucho que Moisés sea considerado un gran liberador mítico, viene siendo una persona más bien divertida como para desempeñar ese papel. No puede hablar muy bien. Es renuente. Tiene muchos problemas para liderar al pueblo. No es el típico héroe griego. La escritura hebrea es genial en este punto: sus héroes (si es que pueden llamarlos así) son muy humanos, incluso a niveles dolorosos. Y maravillosos. Es entendible que Moisés pueda necesitar un poco de ayuda para liderar a todo un pueblo.

Después que los israelitas cruzan el Mar Rojo para escapar del faraón, hay una canción de celebración en el libro del Éxodo. Los últimos versos se le atribuyen a Miriam. Algunos eruditos sospechan que, en realidad, toda la canción fue de Miriam en un momento, pero que más tarde se puso en boca de Moisés. Suponen que Miriam era un personaje prominente a principios de esas historias, pero que editores posteriores la minimizaron, pues no sentían que a ella se le debiera dar tal prominencia. Sin embargo, aún se pueden ver rastros de su presencia. En la historia en Éxodo 15:20, Miriam es llamada "profeta": "Entonces la profeta Miriam, hermana de Aarón, tomó un pandero en su mano; y todas las mujeres salieron tras ella con panderos y danzas". Todas las mujeres la siguieron.

Como la mayoría de las historias de nacimiento, la historia del origen de Israel implica una ruptura de aguas: el Mar Rojo es el paso a través del canal de parto, y es desgarrador. Es apropiado que Miriam, la partera (la hermana que estaba junto a su hermano cuando flotaba en su canasta en el agua para asegurarse de que estuviera a salvo), esté allí presente, en el umbral, mientras su pueblo nace del mar. Tiene sentido que ella juegue un papel importante en estas historias. Y no es sorprendente que luzca amenazante para la hegemonía masculina.

No oímos mucho sobre Miriam después de la travesía del mar, hasta que llegamos al libro de Números. En uno de los pocos fragmentos existentes que cuenta la historia de Miriam con franqueza, vemos que ella y Aarón desafiaron a Moisés debido a una mujer cusita con quien Moisés se había casado. Sus hermanos se preguntaron: "¿Ha hablado el Señor sólo a través de Moisés? ¿No ha hablado también por nosotros?". En el texto no queda del todo claro qué es lo que se está planteando, qué es lo que está sucediendo, cuál es el problema. Casi se requiere que empecemos a especular.

Cuando Rashi leyó esta historia, pensó que Miriam estaba hablando en nombre de Séfora, la esposa de Moisés. Según el midrash, Moisés se había mantenido físicamente apartado de su esposa en todo momento a fin de permanecer ritualmente puro para el contacto con Dios. Rashi cree que Miriam estaba abogando por una postura menos drástica ante el aspecto físico del amor, no muy diferente de la forma en que había discutido con su padre, quien había renunciado a su relación conyugal. Tal vez, estos hombres se estaban equivocando respecto de lo que Dios quería para Su pueblo; no entendían muy bien cuán arraigado está el ser en la piel.

En la historia en el libro de Números, el Señor escuchó que Aarón y Miriam desafiaban a Moisés, y el texto dice: "Ahora bien, el hombre Moisés era muy humilde, más que nadie sobre la faz de la tierra". Es posible, yo diría, que Moisés en realidad no fuera tan humilde sobre la faz de la tierra. Pero en la historia, Dios reprende a Aarón y a Miriam por hablar en contra del siempre tan humilde Moisés.

A Aarón realmente no le pasa nada, pero Miriam sufre un castigo severo: recibe el golpe de la lepra y es desterrada del campamento por siete días.

La historia del libro de Números es tristemente familiar, al menos tal cual luce en la superficie. Cuando las mujeres cuestionan la autoridad de los hombres, suceden cosas malas. Una notable cantidad de hombres le han sacado bastante provecho a este tipo de cuestiones –mujeres, someteos a vuestros maridos, etc.–, y tal vez algunos editores quisieron que ese fuera el efecto. Desde ciertos ángulos, si hay una moraleja en la historia (generalmente no la hay, en realidad), podría ser: "Oigan, mujeres, siéntense y estén tranquilas; no cuestionen la autoridad masculina". Pero parece que hay atisbos de una historia diferente justo debajo de la superficie.

Miriam desafía la autoridad del faraón, la autoridad de su padre y la autoridad de Moisés. Su nombre significa "rebelde". Éxodo nos dice que Miriam era profeta y que todas las mujeres la seguían. No es difícil imaginar que podría haber sido un problema si la intención era asegurar el patriarcado. Parece asombroso, prácticamente milagroso, que la historia de Miriam se haya conservado en estas páginas después de todo. Hasta llegamos a pensar que ella tenía tal presencia vital en la comunidad, que nadie podía borrarla por completo.

Quizás, su exclusión del campamento simbolice el papel de la mujer como forastera en las estructuras de poder. Como sugiere Cheryl Exum en *All the Women followed Her*,* "Aarón no plantea ningún desafío significativo al orden simbólico, y permanece en el campamento", pero "una mujer que desafía el liderazgo de un hombre es más peligrosa para el *statu quo* que un conflicto entre dos hombres". Hasta hoy sigue pareciendo cierto. Es mejor que las mujeres continuemos haciéndolo. Tenemos un papel vital que desempeñar: poner en peligro el *statu quo*.

En su ensayo *Miriam, The Rebel*,** Rebecca Schwartz

---

* Cheryl Exum, "All the Women Followed Her", en Rebecca Schwartz (ed.), *All the Women followed Her: A Collection of Writings on Miriam The Prophet and the Women of Exodus*, Rikudei Editorial, 2001.

** Rebecca Schwartz, "Miriam, The Rebel", en Rebecca Schwartz (ed.), *All the Women followed Her: A Collection of Writings on Miriam The Prophet and the Women*, Rikudei Editorial, 2001.

plantea la propuesta intrigante de que el castigo de Miriam pudo haber sido algo completamente diferente. La lepra que padece es el mismo término que se usa para el tipo de lepra que afectó a Moisés durante su conversación con Dios en la zarza ardiente. "Al hablar con Moisés por primera vez –dice Schwartz–, Dios opta por una señal física". La mano de Moisés se pone blanca por la lepra. "Dios no lo está castigando, sino que lo está eligiendo para un propósito especial". Schwartz pregunta: "¿Por qué debería ser imposible creer que la lepra de Miriam no tenga un propósito similar?". Ella se vuelve blanca como la nieve. Tal vez, Dios está tratando de comunicarse con Miriam, no de castigarla.

60

El texto tal como lo leemos hoy implica que Miriam no solo perdió en su desafío a Moisés, sino que fue castigada por ello. Pero tal vez haya un relato escondido bajo la superficie. Los israelitas no continúan su camino hacia la Tierra Prometida sino hasta cuando Miriam se les ha unido después de siete días de aislamiento. Quizás, Miriam y Dios pasaron la semana hablando en su tienda, lejos de los hombres.

Quizás, Dios llamó a Miriam y la sacó del campamento para hablar con ella y no para castigarla. Tal vez, Dios dijo: "Hola, cariño" (como de mujer a mujer, o de madre a hijo, no como un hombre a una mesera), o quizás "Oye, mi amor" (no sé cómo Dios se le hubiera dirigido); pero tal vez Dios dijo algo como "Miriam, escucha, sé que el patriarcado es pesado y que la libertad de Egipto parece fugaz y tentativa, y lamento decir que con frecuencia va a parecer como si las fuerzas poderosas de la opresión (desde dentro y desde fuera) van ganando el partido, pero recuerda cómo desafiaste al faraón. Sigue recordándole a la gente que hay que crear las condiciones para la fertilidad. Sigue cuidando la vida y amando la tierra frente a la realidad totalitaria del faraón". Quizás, Dios le susurró al oído "La resistencia no es inútil. La resistencia es la fertilidad" (o tal vez Dios no hizo ninguna referencia a *Star Trek*).

Inmediatamente después de la muerte de Miriam, la Biblia nos dice: "He aquí, no había agua para la congregación". De repente, Moisés y Aarón se sintieron abrumados por el desafío de proporcionarle agua a todo un pueblo sediento, como si no pudieran hacerlo sin Miriam. Estas circunstancias dieron lugar a una leyenda sobre el pozo de Miriam, una roca rodante que la acompañaba mientras ayudó a guiar al pueblo a través del desierto. Cuando el pueblo tenía sed, el pozo se abría y el agua fluía y calmaba la sed no solo de la gente, sino también de todos los animales que estaban con ellos. El pozo de Miriam hacía florecer el desierto con flores y verdes pastos. Mientras Miriam vivió, el pozo fue una fuente de agua viva; cuando ella murió, el agua se secó.

El pozo de Miriam fluía tan abundantemente que, según algunas historias, las mujeres en el desierto tenían que viajar en botes para visitarse, tenían que remar a través de las aguas porque el desbordamiento era generoso. Me gusta esta imagen de grandes arroyos y mujeres en botes: esta es la sustancia básica de la vida, tan abundante que a todas y todos nos sirve no solo para beber, sino también para navegar, para remar en misericordia.

Los rabinos sostienen que "el mérito especial de Miriam le valió el privilegio de ser una de tan solo seis personas, y la única mujer, que muere por el beso de Dios antes que por ser llevada por el ángel de la muerte", según Rebecca Schwartz. Algunos dicen que Miriam todavía existe, que ella fue creada por Dios en el sexto día y está hoy día escondida en el Mar de Galilea. Se dice que las aguas del pozo contienen propiedades curativas.

En los años ochenta, un grupo de feministas judías de Boston presentó *Miriams's Cup*, la copa de Miriam, en la mesa del *Séder*. La colocaron junto a la copa de Elías. Llenaron la copa de Miriam con agua en lugar de vino, para recordar el pozo de Miriam. Las mujeres querían llamar la atención a la importancia de Miriam y de las otras mujeres de la historia del éxodo, mujeres que a veces se han pasado por alto pero de las que el Talmud dice: "Si no fuera por la rectitud de las mujeres de esa generación, no hubiera habido redención de la esclavitud de Egipto".

Aunque la iniciativa comenzó en un pequeño grupo de feministas en Massachusetts, la práctica se ha extendido y permanecido. La copa de Miriam se ha convertido en parte del Séder en todo el espectro de creencias judías del mundo.

La copa de Elías simboliza la redención mesiánica al final de los tiempos. La de Miriam está más arraigada en el presente. El pozo de Miriam sostuvo a los israelitas en el desierto. Cuando tenían sed, el pozo se abría para darles de beber. Su copa representa ese tipo de sustento corporal básico, diario; la gracia que necesitamos para pasar el día.

Durante la cena del Séder, las familias y los amigos van pasando la copa de Miriam entre todos para tomar un trago. A veces, cada persona en la mesa vierte agua de sus vasos en la copa de Miriam como una forma de reconocer que todos y todas tenemos un papel que desempeñar en la reactivación de las historias de las mujeres.

En lugar de centrarse en una gran redención futura o fuera de la historia, Miriam les da a los israelitas aguar para beber. Dios no habita, para ella, un ámbito separado y santificado que requiera santidad o pureza especiales, sino que, más bien, está presente en la materia de la vida: sexualidad, nacimiento, relación. Cuando la garganta del pueblo estaba seca, Miriam les dio algo para ayudarlos. Incluso si tenemos que cavar bajo la superficie, espero que encontremos pozos para sostenernos mientras tropezamos con nuestros compañeros de peregrinaje hacia la transformación.

63

SERENIDAD FEROZ: LAS HIJAS DE ZELOFEHAD

Entonces se adelantaron las hijas de Zelofehad. Zelofehad era hijo de Hefer hijo de Galaad, hijo de Maquir, hijo de Manasés, hijo de José, miembro de los clanes manasitas. Los nombres de sus hijas fueron: Maala, Noa, Hogla, Milca y Tirsa. Ellos vinieron delante de Moisés, el sacerdote Eleazar, los líderes y toda la congregación, a la entrada de la tienda de reunión, y dijeron: "Nuestro padre murió en el desierto; él no era de los que se levantaron contra el Señor en la compañía de Coré, pero murió por su propio pecado; y no tuvo hijos. ¿Por qué debería quitarse el nombre de nuestro padre de su clan porque no tuvo un hijo? Dad para nosotros una posesión entre los hermanos de nuestro padre".

Moisés llevó su caso ante el Señor. Y el Señor habló a Moisés, diciendo: "Las hijas de Zelofehad tienen razón en lo que dicen; de hecho las dejarás poseer una herencia entre los hermanos de su padre y les pasarás la herencia de su padre a ellos. También dirás a los israelitas: 'Si un hombre muere y no tiene hijo, entonces su herencia la pasarás su hija. Si no tiene hija, entonces darás su herencia a sus hermanos. Si no tiene hermanos, entonces darás su herencia a los hermanos de su padre. Y si su padre no tiene hermanos, entonces deberás dar su herencia al pariente más cercano de su clan, y él la poseerá. Será para los israelitas estatuto y ordenanza, como el Señor le ordenó a Moisés'".

Números 27:1-11

66

No es común estar leyendo la Biblia y que de repente haya cinco hermanas que se enfrentan a todos los líderes masculinos más Dios. No es frecuente encontrar una historia en la Biblia en donde las mujeres desafíen la ley de Dios (algunas de las cuales se habían escrito en piedra en el monte Sinaí), al punto de que Moisés deba consultar con Dios, y Dios tenga que decir que las hermanas tienen razón. ¡Perdón! Metí la pata. ¡Cambia la ley! Borra toda esa cosa patriarcal que escribimos en el monte Sinaí sobre la herencia, ¡denles un poco de tierra a esas mujeres!

Parece que deberíamos festejar. Al menos, deberíamos conocer los nombres de estas mujeres: Maala, Noa, Hogla, Milca y Tirsa, las hijas de Zelofehad.

Dios dice que ellas están en lo cierto. Qué importa

lo que Dios pudo haber dicho antes. Haz lo que ellas piden. Es fantástico. O, en todo caso, es bastante bueno, dado el contexto. Por supuesto que ellas deben recibir su parte de la tierra. ¿Acaso tenían que preguntar solo porque "no hay herederos varones"? ¿En serio? ¿No la merecían simplemente por ser iguales a los hombres, lo que, naturalmente, les daba tanto derecho a la tierra como ellos?

No es exactamente un momento de *hermosa-igual-dad-que-trasciende-el-tiempo-para-todas-las-personas-in-dependientemente-de-raza-clase-nación-de-origen-orien-tación-sexual-o-de-género-gracias-a-dios-finalmen-te-un-momento-de-justicia-plena-para-todos*. Pero ¡qué bueno que las hermanas se enfrenten a los hombres y sean reconocidas!

Ellas *demandan* la parte de la tierra que les corresponde, que en realidad pertenece a *otras* personas, a quienes los ejércitos de su pueblo van a tener que matar para poderla poseer. Pero aun así, cuando Dios dice "las hijas de Zelofehad tienen razón en lo que están diciendo", se siente como un destello de gracia y justicia de un Dios generoso. Avivah Zornberg, el erudito midrásico, dice que "este es el acto más feliz en todo libro de Números".

No significa *que* sea mucho, para ser honesta, porque es difícil encontrar algo en el libro de Números que dé un toque feliz. Parece que debería ser un libro feliz. Un pueblo ha sido liberado de la esclavitud. Toda una nación está ahora por fuera de los dictámenes de un tirano. Pero es un libro decepcionante si es que pretendemos buscar historias de un Dios bondadoso, uno que luzca sabio y maduro, y no del tipo que enviaría plagas mortales sobre gente que se queja, ni serpientes venenosas que muerdan a los que se salgan del orden, ni tampoco un Dios que mate a un hombre por recoger leña un sábado.

Seamos serias y serios. Un tipo que recoge troncos fuera del campamento, que reúne palos como Winnie Pooh y sus amigos cuando se preparan para jugar *poohstick,** o algo por el estilo, no puede parecer más inocente. Pero ese hombre está violando el sábado, así que Dios dice que toda la congregación debe apedrearlo hasta la muerte. Y lo hacen.

En más de una ocasión, Moisés tiene que suplicarle a Dios que no mate a todas las personas solo porque una sola ha pecado. En al menos una oportunidad, Dios lo escucha y no emprende su matanza contra todo el mundo. Dios simplemente abre la tierra para que se trague enteros a cuatro tipos con sus esposas e hijos. La tierra abre la boca y los engulle. Vivos. Parece la fantasía de venganza de un niño de siete años, una caricatura.

Si Dios quiere la confianza de la gente, así no la va a conseguir de una manera tan efectiva. Dios quiere la

---

* El juego de *poohstick* aparece en una de las aventuras de Winnie Pooh (*In the House at Pooh Corner*) y consiste en que los participantes arrojan desde un puente, cada quien su vara al río, y la siguen corriente abajo. Gana la persona cuya rama sea la primera en volver a la superficie (nota del traductor).

lealtad del pueblo sin reservas, pero siempre está airado contra ellos. Airado ardientemente. Dios implora: "¿Hasta cuándo me despreciará este pueblo? ¿Cuánto tiempo más se negará a creer en mí?". Suena como si se sintiera vulnerable, ¿no? Pero entonces, Dios dice que los va a golpear con pestilencia y los va a desheredar. Parece que lo de la ira va en serio. Quizás, Dios se sienta vulnerable, pero no sepa cómo expresarlo sin disimular su enojo. Me doy cuenta de que estoy siendo presuntuosa y de que estoy leyendo como si se tratara de alguien que vive en siglo XXI, pero, aun así, creo que si lo que quieres es amor, la táctica de enviar serpientes, pestilencias y plagas no te dará mucho éxito.

69

Moisés sigue teniendo que interceder a favor del pueblo. Él le dice a Dios: "Si matas a toda esta gente a la vez, las otras naciones pensarán que no pudiste cumplir tu promesa, y que por eso tuviste que matar a tu pueblo. Eso no te va a hacer quedar bien. ¿Recuerdas cuando dijiste que el Señor es lento para la ira y abundante en amor inquebrantable? Quizás deberías intentar perdonarlos". Y Dios entra en modo *ok-está-bien*. "Los perdono. Pero ninguno de ellos verá jamás la Tierra Prometida. Morirán en el desierto antes de alcanzarla".

Entonces, no sé, en este punto del relato, "la grandeza del amor inquebrantable de Dios" me suena solo a aspiraciones. En Números, "misericordioso" y "sabio" no son los primeros calificativos que le vienen a la mente a Dios.

Por otro lado, el pueblo tampoco es precisamente admirable, agradable, inteligente, amable o maduro. Era un pueblo de esclavos en Egipto. Solo hacían ladrillos. El faraón se había propuesto matar a sus bebés. ¡Dios los liberó! Pero no les gustaba la comida que les servía, de manera que querían volver a Egipto. Preferían ser esclavos de un tirano, aparentemente, que lidiar con cierta incomodidad, pero libres.

Y luego, cuando Dios y el pueblo logran trabajar juntos por un momento, es para asaltar la tierra que les pertenece a otras naciones y matar a todos los ocupantes. ¡Pero espera! Este pueblo no mata a todos: deja a salvo a algunas de las mujeres enemigas y a sus pequeños, así que Moisés dice: "Pues bien, ya saben cómo es Dios, hay que matarlos a todos, excepto a las mujeres que no han dormido con hombres: hay que mantener con vida a todas las jóvenes que no se hayan acostado con varón; esas son para ustedes". Y así conservaron a 32 000 vírgenes como esclavas.

Entonces, claro, este momento con las hijas de Zelofehad no es la cereza en el delicioso helado, pero sí alcanzo a ver por qué alguien diría que es el momento más feliz del libro.

Que no resulte extraño que los rabinos siempre estén mirando más allá de la superficie del texto. Ellos se fijan en los huecos en la historia, incluso en los espacios entre las letras. Ponen sus manos en esas pequeñas grietas y separan los bordes. Dicen que estudiar las Escrituras es buscar a Dios entre nosotros. Es un proceso. Una lucha. No es como si pudieras abrir el libro e inmediatamente ver a Dios en la superficie de la página. Hay una gran cantidad de preguntas que deben hacerse. Hay que buscar. Dios no siempre es tan visible en la superficie.

Esto parece hacerle eco fiel a mi experiencia con Dios. Dios puede estar siempre presente, pero no siempre es fácil de percibir. Una relación con Dios, encontrar a Dios entre nosotros, es un proceso que dura toda una vida; a veces turbulento, a veces frustrante, a veces hermoso, casi siempre misterioso.

En hebreo, este libro no se llama Números, se llama *En el desierto*. Quizás la sola lectura prácticamente los lleve allá. El desierto puede ser un poco aterrador. Es brutal. Nadie confía en nadie aún. Dios, el personaje de Números, realmente no parece ser el Dios vivo de misericordia que se nos hace presente incluso ahora, en este momento, el Dios de amor eterno que nunca nos deja ni nos abandona. Quizás resulta que Dios no es tan obvio: se oculta a plena vista, es una presencia tan plena que se confunde con ausencia, tal vez porque la presencia de Dios se parece más a la ley de la gravedad que a un rey sentado en un trono en el cielo. Con todo y lo fundamental que es en su trabajo persistente de sostener la realidad toda junta, quebradiza y hermosa, la presencia de Dios ciertamente sobrecarga los límites de nuestra percepción; expande nuestra imaginación mucho más allá de una figura caricaturesca sedienta de dominación, poder y control.

Dios en el libro de Números parece tratar de controlar a las personas a través del miedo. Es como si todavía no tuviera mucha práctica en el arte de las relaciones. No creo que podamos conseguir que la gente confíe en nosotras y nosotros, matándola cuando se porta mal. Es posible que por esa vía consigamos una especie de lealtad ficticia entre los sobrevivientes, pero ¿confianza?

Es casi como si la misericordia no hubiera florecido todavía en el desierto. Tal vez eso tiene sentido. Después de todo, están en el desierto. Son las criaturas de Israel, no los adultos de Israel. Aún no son sabios. No son maduros. Y el Dios que les acompaña en esta etapa en su fe también parece un poco inmaduro.

Tal vez es a esto a lo que se parece la Escritura de un pueblo que experimenta la revelación del Dios viviente. No se obtiene una doctrina inmutable y perfeccionada desde el principio. Lo que se ve es un proceso, una iluminación lenta. Quizás sea eso lo que significa vivir con el Dios viviente.

Se necesita práctica para comenzar a ver los caminos de Dios. Se necesita práctica para dar gracias por lo que tenemos. En el libro de Números, los israelitas aún no tienen mucha práctica. Apenas están comenzando su viaje. Tal vez solo estén aprendiendo lo que es estar vivos, amar, ser libres. Este es solo el comienzo de su relato. Todavía no conocen a Dios muy bien. No somos tan diferentes de ese Israel.

El camino hacia la intimidad puede ser largo y complicado. Quizás se necesite toda una vida para aprenderlo. En estas historias, Dios es un amante torpe, aún no tan bueno en el tema. El amor requiere una vulnerabilidad que el poder no puede crear.

Se acerca el fin del tiempo en el desierto. Es en este momento crucial cuando las hijas de Zelofehad desafían la ley de Dios y Dios dice que tienen razón. "Ellas hablan la verdad –dice Dios–; acepto su corrección". ¿Qué fue lo que sucedió?

Es un cambio operado en el Dios que no quería ser cuestionado, el Dios que decía "síganme sin reservas o muéranse". Aquí, Dios está dispuesto a admitir la vulnerabilidad: "Sí, supongo que me equivoqué". Eso ya luce como el tipo de actitudes que hacen que las relaciones sean posibles, que hacen que la confianza sea posible.

Así que aquí está la generación que muere en el desierto, y también la generación de las hermanas. Ellas están al frente de este momento decisivo, de pie, interpelando al *statu quo*, lo que Avivah Zornberg llama una "serenidad feroz". ¿Cómo se llega allá? Suena a una alternativa eficaz. Es como si tuvieran una nueva perspectiva teológica: feroz, pero serena. La relación entre ellas y Dios ha madurado. Ellas desafían el *statu quo* y Dios las apoya: el acto "más feliz" en todo el libro de Números.

73

Los antiguos rabinos (no siempre muy amistosos con las mujeres ni tampoco de acuerdo entre ellos) tienen casi universalmente a estas hermanas en alta estima. Las llaman sabias y justas: palabras que, por lo general, solo se aplican a los hombres. Rashi dice que ellas veían con sus ojos lo que Moisés no podía. Eso ya es decir mucho. Las hermanas son elogiadas por su capacidad para interpretar la ley. Este es un cumplido muy inusual para la mujer.

Es su historia, en parte, lo que lleva a Rashi a imaginar toda la trama oculta de las mujeres en el desierto. Estas cinco hermanas son tan inflexibles en su amor por la tierra, que desafían al patriarcado. Es otro ejemplo, junto con el de las parteras y el de Miriam, de la negativa de las mujeres a ceder ante la tiranía (incluso dentro de sus propias filas). Es este rechazo lo que hace posible la liberación.

"Ningún hombre sobrevivió del grupo original que salió de Egipto para llegar a la Tierra Prometida. Pero las mujeres no estaban sujetas a los decretos proferidos contra los hombres –dice Rashi– porque amaban la tierra". Su historia no llega a la cima porque no es el relato dominante, pero es vital.

Quizás, en el desierto sucedió algo que animó a estas hermanas a enfrentarse con los padres. Tal vez fue el pozo de Miriam, esa roca que se abría cuando la gente tenía sed. Quizás creó ríos, como algunas leyendas rabínicas imaginan. Quizás Maala, Noa, Hogla, Milca y Tirsa pasaron mucho tiempo en los botes que las mujeres utilizaban en esas aguas para visitarse, remando con su madre cuando eran niñas pequeñas y adolescentes, sobre las aguas del pozo de Miriam, hablando con todas las mujeres, aprendiendo a pescar, apreciando los innumerables tonos de azul como el cielo que el agua reflejaba.

Cuando los hombres se quejaban de la falta de carne, ellas aprendían a amar la tierra y los pájaros que vadean en la orilla y la forma en la que el sol poniente hacía enrojecer el agua, haciéndola deslumbrante como cualquier joya que hubieran visto en Egipto. Quizás no experimentaron el desierto como una privación. El desierto les enseñó a ser fuertes y pacíficas.

El relato dominante es a menudo sobre el poder y las luchas de poder. Tal vez debamos buscar las historias alternativas para aprender sobre el amor; sobre la vulnerabilidad del amor.

La fe requiere imaginación para la bondad de un Dios cuyo amor es infinito y cuya misericordia impregna el mundo. Espero que podamos reconocerlo incluso si tenemos que esforzarnos para discernirlo en medio de las narraciones que dominan nuestro mundo. Que aprendemos a desafiar el *statu quo* con una serenidad feroz.

¡UNA MOABITA! RUT

Y sucedió que en los días en que los jueces juzgaban, hubo hambre en la tierra. Y un hombre de Belén de Judá fue a residir en la tierra de Moab con su esposa y sus dos hijos. Y el nombre del hombre era Elimelec, y el nombre de su esposa Noemí, y el nombre de sus dos hijos Mahlón y Quelión, efratitas de Belén de Judá. Y llegaron a la tierra de Moab y se quedaron allí. Y murió Elimelec, marido de Noemí; y quedaron ella y sus dos hijos. Y a ellos les tomó esposas de las mujeres de Moab; el nombre de una era Orfa, y el nombre de la otra Rut: y vivieron allí unos diez años. Y Mahlón y Quelión murieron, ambos; y la mujer quedó desprovista de sus dos hijos y de su marido. Entonces ella se levantó con sus nueras para volver de la tierra de Moab; porque había oído cómo en el país de Moab Jehová había visitado a su pueblo *al darles pan. Y ella salió del lugar donde estaba, y sus dos nueras con ella; y siguieron el camino para volver a la tierra de Judá. Y Noemí dijo a sus dos nueras: "Id, volved cada una a la casa de su madre. Que el Señor haga con vosotras misericordia, como habéis hecho con los muertos y conmigo. Que el Señor os conceda que halléis descanso, cada una en la casa de su marido". Luego las besó y ellas alzaron la voz y lloraron. Y le dijeron: "No, volveremos contigo a tu pueblo". Y Noemí dijo: "Regresad, hijas mías; ¿por qué queréis ir conmigo? ¿Es que aún tengo hijos en mi vientre, para que sean vuestros maridos? Volveos, hijas mías, seguid vuestro camino;*

porque soy demasiado mayor para tener marido. Si dijera que tengo esperanza, si pudiera tener marido esta noche y también hijos, ¿os quedaríais, pues, hasta que crecieran? Por tanto, ¿esperaríais hasta tenerlos por maridos? No, hijas mías, porque me entristezco mucho por vosotras, pues la mano del Señor ha prevalecido contra mí". Y alzaron su voz y lloraron otra vez; y Orfa besó a su suegra, pero Rut se unió a ella y ella le dijo: "He aquí tu cuñada ha vuelto a su pueblo y a su dios: vuelve tú tras tu cuñada". Y Rut dijo: "No me pidas que te deje ni que me vuelva de ti, porque donde tú vayas, yo iré; y donde tú te alojes, yo me alojaré; tu pueblo será mi pueblo, y tu Dios mi Dios; donde tú mueras, moriré yo, y allí seré sepultada. Así me haga el Señor, y

*aún me añada, si algo más que la muerte estuviere
entre tú y yo". Y cuando Noemí vio que Rut estaba
decidida a ir con ella, dejó de insistirle.*

Rut 1:1-18

No creo que haya nada de malo en ser "buenita". Lo prefiero
a lo frío, lo áspero, lo malvado. Pero viniendo de donde
vengo, no puedo evitar ser consciente de remoquetes tales
como Minnesota-nice, que se refiere a una forma de ser
agradable: "buenita/o como de Minnesota" (y que sonríe
hacia afuera y maldice por dentro). Me parece que ser
"buenita" a menudo implica una cierta falsedad superficial.
Yo creo que mi deseo es que Jim, mi esposo, sea lindo y
amable conmigo, pero ni siquiera estoy muy segura de
eso. En esto de ser "agradable" hay algo supremamente
diferente a la profundidad de la intimidad, donde hay
tiburones, barcos hundidos y hasta tesoros enterrados.
Ser agradable, ser linda, es obviamente distinto a ser
perturbadora o perturbador. Un día lindo, agradable, no
incluye tormentas eléctricas ni relámpagos. Yo, con toda
seguridad, prefiero ser amable que ser cruel, pero es
posible que prefiera ser complicada o incluso difícil en
lugar de "buenita".

Como predicadora, es un gran alivio leer las Escrituras
hebreas cuando llegas a Rut. Justo cuando parece que
nunca habrá otra historia bíblica libre de violencia furiosa,

79

inundaciones, asesinatos entre hermanos y hermanas, violación, batallas, caos, mil hombres asesinados con la mandíbula fresca de un asno; por fin se puede respirar un aire de alivio. No hay un solo incidente espantoso en el libro de Rut. ¡Dios mío! Comparado con Números, Josué y Jueces, es como entrar a otro mundo.

La ansiedad por algo tan agradable la lleva a una a la tentación de presentar a Rut como un libro buenito, agradable; de hecho, una simple historia de amistad entre mujeres. ¿Qué puede ser menos amenazante, perturbador o inadecuado? Noemí, una mujer hebrea, se casa con un hombre que la lleva a un país extranjero porque en la tierra de Judá hay hambre. Sus hijos se casan con mujeres del extranjero. El marido y los hijos mueren (pero no son muertes espantosas o violentas).

Noemí decide regresar a su casa en Belén y les dice a sus nueras, Rut y Orfa, que no viajen con ella porque serán extranjeras no deseadas en su tierra y ella ya es demasiado mayor como para proporcionarles maridos. Noemí no puede tener más bebés, y aun si por algún milagro pudiera, ¿se casarían sus nueras con los infantes? No, claro que no. Ninguna quiere abandonar a Noemí, pero Orfa decide regresar a su propio país. Rut se niega a dejar a Noemí, pero cuando regresan a Belén son viudas pobres y tienen que ingeniárselas para comer y vivir. Así que Rut se va a trabajar en los campos de cebada de Booz, un hombre rico, quien termina por interesarse en ella. Aunque Booz ya es un poco mayor para Rut, esta lo considera como compañero a fin de brindarle seguridad a Noemí.

Como dice la versión infantil de la historia, "Finalmente, Rut se casó con Booz y todos fueron felices". *Fin*. Así acaba un día lindo. ¿Qué podemos aprender de esta historia feliz? Deberíamos pensar en formas en las que podamos ser más leales a nuestros amigos. Los maestros de la escuela dominical, entonces, llevan a los niños a hacer pulseras de la amistad. El cielo es azul, los campos están en flor. Sin embargo, la cosa es que lo que ha ocurrido es un terremoto.

Los universos de *Todo como debe ser* y *El orden apropiado hasta ahora* han sufrido rupturas de sus placas tectónicas: la historia retumba con energía subversiva. Y me pregunto cómo es que la historia de la interpretación se ha encargado de que este libro sorprendente luzca tan recatado. No es que todos los detalles perturbadores estén ocultos bajo la superficie (aunque creo que por ahí hay algunos). No. Ahí están. Pegados casi agresivamente, visibles, sobre el texto, claramente expuestos (una pensaría) incluso para el ojo casual.

Rut es moabita. ¡Crack! ¡Boom! ¡Cataplum! Moab era el hijo que Lot y su hija menor concibieron cuando esta lo emborrachó para tener relaciones sexuales con él. Noemí y su esposo habían abandonado voluntariamente la Tierra Prometida para irse a vivir entre idólatras paganos. Los hijos de Noemí se casaron con mujeres extranjeras, y no con cualquiera: con moabitas. Cuando Booz ve a Rut en su campo y le pregunta a su criado quién es ella, el criado dice: "Ah, es una *moabita* que vino de *Moab*", no sea que el patrón no se percate del asunto de los moabitas. Y la ley –todo buen hebreo (o incluso no muy buen hebreo) sabría, y no de manera incierta– convierte a los moabitas en anatema.

Deuteronomio 23:3: "Ningún moabita puede entrar en la comunidad de Dios; ninguno de sus descendientes, incluso en la décima generación, entrará en la comunidad de Dios". Ningún moabita jamás entrará. Jamás. ¿Y las mujeres moabitas? Ellas eran malas, vilipendiadas por lo que se percibía como su rebeldía sexual: lascivas, seductoras.

Algunos textos del midrash sobre Rut tocan ese problema diciendo "sí, la mayoría de las mujeres moabitas eran lascivas, pero Rut era inusualmente modesta". Eso es lo que la hace valiosa. Un rabino escribió: "Todas las otras mujeres se inclinaban para recoger la cebada en el campo, pero Rut se sentaba y se recogía. Todas las otras mujeres se subían las faldas en el campo. Ella mantenía el largo y borde de sus faldas abajo. Todas las otras mujeres bromeaban con los segadores mientras que ella era reservada".

Pero todo el asunto de *Rut-tan-modesta* realmente no se sostiene cuando observamos uno de los episodios más significativos de sus aventuras: cómo termina reuniéndose con Booz. La historia relata que es tiempo de cosecha,

82

y en ciertas noches de cosecha (aparentemente), los hombres iban al campo y celebraban la cosecha, comiendo y emborrachándose. Después de las festividades, los hombres se echaban a dormir en el terreno en lugar de regresar a casa.

Oseas, el profeta, despotrica contra las rameras que rondaban los cultivos. Entonces, eso probablemente era lo usual durante dichas celebraciones. Para estar con Booz, Rut se pone sus mejores prendas en una de esas noches de cosecha, se aplica perfume y se cuela en la oscuridad rumbo al terreno de cultivo. Espera a que Booz esté borracho y en la cama, y luego se acuesta con él, "descubriendo sus pies", lo que en la Biblia (es posible que lo hayan escuchado) puede ser un eufemismo para el delicioso, el mañanero, el wiki-wiki, aplaudir, tirar, tocar la zambomba, comer el higo, echar un fornique, chupar goma, sexo. Sea lo que fuere, claramente no se trató de un comportamiento para nada modesto.

Booz se despierta y momentáneamente entra en pánico al encontrar a una mujer con él. Noemí (quien fue parte de la trama del plan) le había dicho antes a Rut que cuando Booz despertara ella debería hacer lo que él le dijera. Bueno, resulta que nada de eso fue lo que pasó. Cuando Booz se despierta, es Rut la que le dice qué es lo que él tiene que hacer.

Booz se despierta sobresaltado. "¿Quién eres tú?", le pregunta. "Soy Rut —responde ella–, extiende tu túnica

83

sobre mí". Esto ya parece un poco picante. En realidad, es también una propuesta de matrimonio. *Rut le* propone *matrimonio* a *Booz.*

Esa no es, de ninguna manera, la forma en que se hacen las cosas en el marco del patriarcado. ¿Una mujer recatada? ¿Modesta? Es impactante. ¿Una bonita historia sobre la inofensiva amistad femenina? De hecho, hubo una generación de eruditos (mucho más inteligentes que yo) que veían a Rut como una trama que replica ciertos incidentes de la saga de la diosa Isis (no es broma, pues, aparentemente, hay similitudes), o como una versión hebraizada de los misterios eleusinos, con Noemí y Rut encarnando diferentes aspectos de Deméter: creadora, preservadora, también conocida como Madre de la cebada.

Otros vieron en Rut una versión historizada de la epopeya de Anat, la diosa cananea, reina del cielo y madre de todos los dioses. El templo de Jerusalén fue ocupado durante siglos tanto por Dios, como lo conocemos a "él" en nuestra tradición, como por esta diosa, a veces conocida como Reina del Cielo, otras veces como la diosa Asera o Mari. Los artefactos que rodean la adoración de estas diosas femeninas están entre los más antiguos conocidos por la humanidad.

No sé si estos eruditos avanzan por un terreno firme o no, pero me parece que retratar el libro de Rut como "buenito" puede restarle algunos de sus rasgos de belleza más inquietantes; esas explicaciones conservan la superficie del texto lisa, a expensas de algo subyacente que es perturbador, pero profundo.

Antes del surgimiento de las principales religiones patriarcales del mundo, el creador fue más frecuentemente
una creadora. Esto tiene sentido: nadie ha visto a un hombre dar a luz. Las Escrituras y tradiciones judeocristianas
suelen, a nombre del monoteísmo, ir en contra de esas antiguas creadoras (aunque sus huellas aún permanecen en
los textos).

Es entendible. Y tal vez la intención haya sido señalar
algo maravilloso y verdadero para no socavar la posición
de las mujeres en el mundo ni subordinarlas a los
hombres; posiblemente, la idea haya sido no impedir que
las mujeres actúen independientemente de los hombres,
ni prevenir que posean sus propias propiedades, ni evitar
que ganen su propio dinero. Quizás, nadie tuvo la intención
de negarles a las mujeres los derechos naturales de todas
las demás hembras mamíferas: el derecho a elegir a su
pareja y a controlar las circunstancias de su apareamiento.
Es posible que el punto no fuese realmente reprimir a las
mujeres legal, política, económica y psicológicamente
para que los guardianes de la religión patriarcal, durante
cientos de años (todavía vigente en algunos lugares), se
opusieran a la educación de las mujeres y (todavía en
algunos lugares) se negaran a ordenarlas al ministerio
religioso en consonancia con la voluntad de Dios.

Pero sea que haya habido alguna intención malévola o

que simplemente hombres bien intencionados hayan procedido al servicio de una verdad más amplia, la Escritura judeocristiana es bastante clara sobre eliminar cualquier punto de vista positivo de la creadora (aunque todavía se pueden captar atisbos de su presencia). En nuestros relatos fundacionales, el hombre no viene de la mujer (contra toda probabilidad biológica), sino que la mujer proviene del hombre y ella, al final de cuentas, es la principal transgresora en lo que de otro modo habría sido el paraíso.

A lo largo de la historia de la iglesia, se habla mucho del pecado de Eva. De hecho, los padres de la iglesia afirmaron que el pecado original de Eva se perpetuó a través de todas las generaciones gracias a todas las mujeres, a través de la concepción sexual y el parto.

El horror de los padres de la iglesia ante la sexualidad femenina –y su convicción de que todas las mujeres merecen el castigo por el crimen primordial que le provocó la muerte y condenación al hombre– ha formado al mundo.

Ya. Oí bien. Realmente, a esos padres no les gustaban las antiguas creadoras. Me quedó claro. ¿Pero ellos realmente necesitaban incrustar una misoginia tan devastadora en las creencias judeocristianas? Ahí tenemos dos libros de la Biblia con nombres de mujeres, contra treinta y nueve con nombres de hombres. Uno de los libros con nombre de mujer es Rut: una mujer que (algunos han argumentado) tiene rastros de la diosa. En cualquier caso, ella, a decir verdad, ejerce control sobre las circunstancias de su apareamiento y matrimonio. Tal vez lo minimicemos cuando presentamos a Rut como un pequeño libro agradable sobre la modestia y la amistad.

Rut sigue a Noemí, y es su lealtad a esta mujer lo que la traerá a la comunidad de Dios. No hay duda de que Rut trastorna el orden al que se incorpora. Altera las leyes legales y socioculturales establecidas, cruza las líneas que estaban destinadas a mantener a algunas personas prósperas a expensas de otras (que es lo que todas y todos debemos hacer).

Los eruditos que vieron rastros de las diosas antiguas en Rut argumentaron que la razón por la que una historia hebrea alguna vez llegaría a adaptar mitos extranjeros es la de crear un trasfondo mitológico, épico, para la ascendencia de David. Porque, fíjense ustedes, y este es el detalle paradójicamente bello y desquiciado: ningún moabita puede entrar en la comunidad de Dios; ninguno de sus descendientes, ni siquiera los de la décima generación, puede entrar en la congregación del pueblo de Dios. Ningún moabita jamás entrará. Jamás de los jamases. Y, sin embargo, Rut dio a luz al abuelo de David, la línea de la que vendría el Mesías. Una mujer moabita trajo al mundo el fruto que regenerará a Israel. Esto desafía los límites que definían al pueblo de Dios.

Si se hubieran dado (y por supuesto que así fue) algunas fantasías de alguna identidad israelita pura, Rut cambia todo eso. Y de manera enfática. Ella abre las puertas destinadas a mantener afuera lo diferente y la otredad. ¿Cómo es que eso no es un rayo que parte una montaña? Este es un desafío básico de la fe: transformar la misma cultura que está impregnando, romper el paradigma dominante (lo que todas y todos también deberíamos hacer).

No creo que Rut sea "buenita", pero creo que su libro trata sobre la bondad. El relato comienza con "Y sucedió que en los días en que los jueces juzgaban...". La repetición aquí –"los días en que los jueces juzgaban"– tiene una especie de efecto palpitante. En el momento en que los jueces juzgaban, hubo hambre en la tierra. Por supuesto que sí. Es lo que pasa en momentos en los que los jueces juzgan, cuando se vive en esa realidad. No se puede cultivar fruta en un entorno tan escaso, mezquino y poco generoso.

Solemos vivir allí, en mi experiencia, bajo un escrutinio despiadado, una mirada carente de misericordia. Es imposible cultivar frutas o flores en ese entorno. Siempre hay hambruna en el lugar donde no hay gracia. Allí, la gente muere de hambre sin que se le mire de manera afirmativa. Pasa todo el tiempo.

El tiempo de los jueces no fue un buen momento para Israel. Las personas eran infieles entre sí y le eran infieles a Dios. No había mucho amor. En medio de esta escasez, llega Rut, interrumpiendo, justo entre el tiempo de los jueces y el de los reyes.

"No me pidas que te deje –le dice a Noemí–, porque adonde tú vayas, yo iré; y donde tú te alojes, yo me alojaré; tu pueblo será mi pueblo, y tu Dios mi Dios; donde tú mueras, moriré yo, y allí seré sepultada". Rut se compromete tan a fondo con una vida al punto de quedar íntimamente entrelazada con ella.

Rabí Ze'ira dijo: "Este rollo de Rut no nos dice nada sobre pureza o impureza ni prohibición o permiso. ¿Con qué propósito fue escrito? Con el de enseñar lo grande que es la necesidad de bondad amorosa". El hebreo *hesed* o *chesed* a menudo se traduce como "amor", pero el significado central de la palabra se resiste a la traducción. Es el instinto de nutrir al otro vulnerable. Es misericordia, lealtad, compromiso apasionado; es lo que Dios siente para Su pueblo, para todas nosotras, para todos nosotros.

Rut es una historia de *hesed*: bondad amorosa. No amor como un principio abstracto que nunca se podrá comprender del todo, sino el amor que es directo, íntimo y que se experimenta físicamente. A donde tú vayas, yo iré. Donde sea, a todos los lugares y a los no lugares: a la vida, a la muerte, al sepelio, ella la acompañará hasta debajo de la tierra. Esto suena como la promesa de Jesús.

Algunas personas piensan que si la creadora no hubiera sido tan reprimida, el mundo estaría menos lleno de violencia y alienación. No sé. Lo dudo. Pero Rut deja una impresión misericordiosamente subversiva en medio de la proliferación de imágenes de masculinidad. Cuando

los jueces juzgaban y los hombres peleaban y se mataban
unos a otros por miles, entre hombres fuertes y altos, San-
són y Saúl, guerreando y guerreando un poco más, desde
el vientre de la mujer moabita cuyo ser entero es bondad
amorosa, vino el amante que, llegado el momento, cam-
biará el mundo.

NO ES EL SEXO, ES EL PODER: BETSABÉ

En la primavera del año, la época en que los reyes salen a la batalla, David envió a Joab con sus oficiales y todo Israel con él; asolaron a los amonitas y sitiaron a Rabá. Pero David se quedó en Jerusalén.

Sucedió, una noche, cuando David se levantó de su sofá y estaba caminando en la terraza de la casa del rey, que vio desde el techo a una mujer que se bañaba; la mujer era muy hermosa. David envió a alguien a preguntar por la mujer. Se le informó: "Ella es Betsabé, hija de Eliam, esposa de Urías el hitita". Entonces David envió mensajeros a buscarla, y ella se acercó a él y él se acostó con ella. (He aquí que ella estaba purificándose después de su período). Ella luego regresó a su casa. La mujer concibió y le envió mensaje a David y le dijo: "Estoy embarazada".

Entonces David envió un mensaje a Joab: "Envíame a Urías, el hitita". Y Joab envió a Urías a David.

Cuando Urías se acercó a él, David le preguntó cómo les había ido a Joab y al pueblo, y cómo iba la marcha de la guerra. Entonces David dijo a Urías: "Baja a tu casa y lávate los pies". Urías salió de la casa del rey y le siguió un presente de parte del rey. Pero Urías durmió a la entrada de la casa del rey con todos los siervos de su señor, y no bajó a su casa. Cuando le dijeron a David: "Urías no bajó a su casa", le dijo David a Urías: "Acabas de llegar de un viaje. ¿Por qué no bajaste a tu casa?". Urías le dijo a David: "El arca, Israel y Judá permanecen en tiendas, y mi señor Joab y los siervos de mi señor están acampando en campo abierto; ¿iré entonces a mi casa a comer y beber y a acostarme con mi esposa? En tanto que tú vivas y por la vida de tu alma, no haré tal cosa". Entonces David le dijo a Urías: "Quédate aquí hoy también, y mañana te enviaré de regreso". Urías se quedó en Jerusalén ese día. Al día siguiente, David lo invitó a comer y beber en su presencia y lo emborrachó; y por la noche salió a acostarse en su lecho con los siervos de su señor, pero no bajó a su casa.

Por la mañana, David escribió una carta a Joab y la envió por mano de Urías. En la carta escribió: "Pon a Urías al frente de la lucha más dura, y luego retrocede, para que caiga herido y muera".

2 Samuel 11:1-15

En 1951, 20th Century Fox hizo una película de la historia de David y Betsabé, protagonizada por Gregory Peck. En un póster de la película, aparecía David sin camisa. Sus músculos estaban bien marcados; su estatura se elevaba sobre una imagen de Susan Hayward como Betsabé, tendida, con la cabeza hacia atrás y los brazos abiertos, escasamente cubiertos, y un velo transparente sobre ella a través del cual se podían ver los contornos de su muslo, como si fuera un anuncio de lencería. El eslogan de la película era "La historia del León, conquistador de Judá, y la mujer por quien quebrantó el mismo mandamiento de Dios".

Aunque para muchos la Biblia es aburrida, esta historia no ha dejado de aumentar los niveles de excitación en la gente durante siglos. David sucumbe al deseo. Los pastores de jóvenes de mi época la encontraban fascinante, como si la historia fuera una advertencia a los jóvenes sobre la lujuria y la modestia.

En la película, Betsabé aparece tal como las producciones de los cincuenta solían presentar a las mujeres: enamorada, admirada. Suspira líneas entrecortadas como: «David, ¿REALMENTE mataste a Goliat? ¿Era tan grande como dicen?".

David es el león de Judá que todo lo conquista, pero, como ocurre con la mayoría de los héroes míticos, debe haber algún defecto fatal, como la kriptonita o el talón de Aquiles. De hecho, el defecto del León resulta ser su lujuria

93

desenfrenada por Betsabé, su único amor verdadero (que, en realidad, en términos de atractivo para la audiencia, no es un rasgo tan indeseable). En la versión cinematográfica, tenemos a un hombre poderoso que es apasionado y sexy, y una hermosa mujer que se baña desnuda en su azotea.

Los comentaristas varones han debatido, preguntado, se han cuestionado durante siglos (en serio, siglos): "¿Y no será que Betsabé sedujo a David? Quizás ella actuó de alguna manera en la azotea mientras se daba un baño. ¿O fue ella acaso una víctima inocente de la lujuria?". Hay muchas pinturas de Betsabé en el momento del baño repartidas a lo largo de cientos de años, elaboradas –me parece a mí– de forma seductora para la mirada masculina: el objeto prohibido del deseo siempre anhelado.

Con todo y que este tipo de fetichismo romántico de lo prohibido nos encierra en formas insatisfactorias y malsanas de sexualidad, no es una muy buena lectura del texto.

Nuestros antepasados y abuelas, el patriarcado y los puritanos, parecían centrarse desmesuradamente en los pecados de inmoralidad sexual, pero esta historia bíblica trata de las atrocidades y obscenidades del poder. La generación de mis padres se ofendía menos por el poder que por el sexo. El sexo era el escándalo que arruinaba a una figura pública. Los abusos de poder eran la corriente principal. Tal vez porque la mente del público había sido tan puntualmente regida por los poderes, no podía cuestionarlos de manera efectiva. Quizás ahora nos hemos hecho más conscientes (al menos, deberíamos serlo) de hasta dónde pueden llevarnos los abusos de poder, pero mucha gente todavía se deja seducir por su atractivo.

Con el tiempo, el pueblo que escapó de la esclavitud en Egipto quiso un rey. Estaban convencidos de que eso les traería seguridad. Querían un gran líder fuerte al que admirar. Dios no creyó que fuera una buena idea. ¿Quieres un rey? ¿Quieres un macho alfa a quien seguir? ¿Quieres establecer una estructura de poder que gobierne y moldee tus esperanzas y deseos? ¿Quieres que el relato del hombre poderoso sea lo que defina tu mundo? ¿Quieres que sea eso lo que estructure la realidad? ¿De verdad? Entonces, tú me rechazas, dijo Dios, y rechazas mis caminos.

Dios es grande.

El primer personaje con el que nos encontramos en el libro de Samuel, antes de que comience la narración de los reyes, es una mujer: Ana. Ella no tiene hijos y llora por esa razón. Su esposo le pregunta: "¿No soy suficiente para ti?". Ana dice "no" y reza para que la gracia de Dios la llene. Ella queda embarazada. Su hijo es Samuel, quien será el profeta de Dios. Ana está tan agradecida con Dios por haber llenado su útero que canta una canción, que se conserva extensa y detalladamente en el segundo capítulo de este libro sobre los reyes.

Se parece mucho a la canción que canta María cuando está embarazada de Jesús. Es un canto que se ocupa por completo de celebrar a este Dios revolucionario que subvierte el poder, que se preocupa por los pobres, los hambrientos y los débiles, que derriba a los soberbios, arrogantes y poderosos. No es una canción que cante las maravillas del poder y de la gloria. Es una que canta a un Dios que levanta del polvo al débil y al quebrantado. Así que, incluso si el relato de la realeza se apodera del libro (se apodera del mundo), no podemos dejar de escuchar la melodía del silbido de Ana como la banda sonora ambiental que se cuela por los corredores del palacio... por las grietas finísimas que se extienden por todo el edificio.

Cuando la gente comienza a clamar por un rey, Dios le pide a Samuel (quien creció en el vientre de Ana) que les diga de nuevo por qué lo del rey no es buena idea. Samuel les dice a los emisarios del pueblo que el rey los va a enviar a ellos y a sus hijos a pelear su guerra; que él va a tomar lo mejor de lo que tienen para sí mismo; que el imperio va a disminuir su calidad de vida, que va a limitar su imaginación para que sirvan a los propósitos del rey; y que el pueblo será esclavo del poder de los poderes (más o menos). Eso es definitivamente profético.

La historia de David y Betsabé muestra cómo todo lo que Samuel predijo acerca de un rey se hizo realidad. No es el sexo, no nos digamos mentiras. El "defecto fatal" de David no es que sufra de una naturaleza libidinosa que no puede controlar; es, antes bien, una historia sobre la manera en que el poder se desenmascara, y eso no luce nada sensual. Me inclino a pensar en otra palabra: "horrible".

La historia comienza diciendo: "En la primavera del año, la época en que los reyes salen a la batalla, David envió a todo Israel a pelear la batalla, pero David se quedó en Jerusalén". Ajá, precisamente lo que Samuel dijo que haría el rey: David se quedó en casa mientras otros estaban peleando y muriendo.

El texto dice que David se levantó de su cama por la noche. Imaginen eso. ¿Qué hace el rey en la cama todo el día? ¿Dormir su resaca, quizás? Sabemos que David tenía muchas esposas y muchas concubinas; tal vez había estado en la cama con la mitad de ellas; todas esas horas. No lo sé, pero se levanta cuando el sol se pone, se limpia las costras de la boca, ve a una mujer hermosa en un tejado vecino y dice: "Tráiganmela".

Eso no tiene nada de sensual. Parece asqueroso.

No es una historia sobre el amor de la vida de David, algún enredo significativo y serio con una mujer. Es más un acto descuidado, sin romance, sin ninguna consecuencia para él, excepto que Betsabé termina embarazada.

¿Y los resultados? Es la canción anti-Ana.

La parte del sexo sucede en un breve instante, nada más que una fracción de una frase sin detalles. El grueso de la historia se ocupa en denunciar cómo la estructura de poder aplasta los rostros de los pobres en la tierra; cómo trata sus vidas como pedazos de papel que puedes

97

desmenuzar y tirar a la basura. Se trata de hasta dónde llegará un hombre en el poder para encubrir algo que podría traerle mala publicidad.

La culminación de las malas acciones no es una pasión desenfrenada. La fechoría llega al clímax en el número de vidas que David descarta descuidadamente para preservar su imagen pública.

David manda al esposo de Betsabé, Urías, a casa después de la batalla para tratar de que se acueste con su esposa, y que la gente piense que el bebé es suyo. Pero el ardid no le funciona. El rey puede estar en la cama todo el día mientras la gente libra la batalla, pero Urías dice: "Mis compañeros están sufriendo y trabajando duro, ¿y yo voy a comer y a beber y a acostarme en la cama con mi esposa?". Es una yuxtaposición significativa.

Cuando su primer intento de encubrimiento no funciona, David emborracha a Urías para aflojar su ética. Este truco tampoco le funciona. Entonces, escribe una carta para que lo maten. Envía con el propio Urías la carta que le decreta la muerte, para que se la entregue a su comandante. Es escalofriante.

David escribe: "Pon a este hombre al frente de la lucha más dura, y luego retrocede, para que caiga herido y muera". El comandante hace lo que David le pide. Urías muere, pero no es el único. David diseñó una estrategia que llevaría a que otros hombres también murieran:

soldados con vidas, esposas e hijos. Todo para preservar su lugar de poder y prestigio.

Esta no es la única vez en la historia que algo así (por decirlo suavemente) ha sucedido. Es el guion que siguen los reyes. Es la historia del poder en el mundo occidental. ¿Quieren la "seguridad" de una estructura jerárquica de poder? No se diga más, la tienen; y parece que ha resultado en mucha violencia y destrucción para la gente y para el planeta; y en los rostros de los pobres aplastados en el polvo; y en reyes con sus jets privados detrás de sus muros de seguridad; y en superestrellas con sus séquitos y limusinas climatizadas y planes de evacuación por si las cosas se ponen difíciles.

David lleva a cabo estas "obligaciones políticas" sin celo ni remordimiento. Le dice a su comandante: "No dejes que este asunto te preocupe, porque la espada devora ora al uno, ora al otro". No es la libido de David el problema. Tal vez eso es lo que los hombres en el poder quisieran (pues son demasiado viriles, demasiado apasionados como para que se les contenga). Quizás eso es lo que los hombres en el poder, que han leído este texto por 2000 años, han inventado como problema. Estoy muy segura de que, por el contrario, el problema es el poder. Los reyes sacrifican las vidas de otras personas por la suya.

Y, ustedes ya saben, es descabellado que cualquiera acepte algo así, sin embargo lo hacemos. Pienso en eso cuando veo a fanáticos que admiran a sus estrellas en un

99

escenario, usando sus emblemas o sus camisetas, amontonados y controlados con cordones de seguridad; gente aplaudiendo y vitoreando mientras las estrellas de rock dan el mismo discurso que ya han proferido mil veces, lanzan los mismos gritos de batalla, y todos sus seguidores no famosos se apilan detrás de la cuerda, tratando desesperadamente de estrecharles la mano, como si no hubiera nada vergonzoso en entregar nuestras vidas al poder. Como si la cúspide del pecado tuviera que ver con la moralidad personal y como si la adoración al poder fuera lo justo... Yo no sé... ¿Es divertido?

Necesitamos una crítica profunda, viva y cuidadosa sobre el poder. Pero nos encanta tener un rey (o reina) a quien adorar.

A veces, la gente dice que en esta historia vemos la humanidad de David. Pero parece ser más una historia de cómo el poder ha hecho a David menos humano, menos vivo, más insensible, más ciego, más indiferente, más tranquilo ahora que la crisis publicitaria ha terminado. David le dice al comandante que cumplió las órdenes: "No dejes que esto te moleste". El texto continúa: "Pero el Señor estaba disgustado..." (pueden escuchar ese silbido tenue: la canción de Ana comienza a sonar, se hace más audible en el fondo).

Dios le envía al rey a Natán, un profeta. Natán le cuenta una historia. Había dos hombres, dice, uno era rico y poderoso y el otro era pobre. El rico tenía todo: ropa, coches, caviar y rebaños, campos llenos de ovejas. El hombre pobre tenía una pequeña oveja. Era su cordero, el cordero que vivía en la casa como una mascota. Había criado a este corderito como a uno de sus hijos. Lo alimentaba de su propia mesa; lo dejaba beber de su copa. Dormía en su cama por la noche. Este cordero era casi todo lo que tenía; era precioso para él.

Un día, llegó un invitado a la casa del rico. Por alguna razón, el rico no quiso usar una de sus ovejas para cenar, sino que se llevó a la ovejita del pobre, al cordero de su vecino, y lo mató y se lo dio para cenar al viajero.

Es una historia devastadora. David está enfurecido por eso. Cree que es un crimen horrible. El rico deber morir, dice. Y Natán le responde: "Tú eres ese hombre". David entonces se reconoce en el personaje (todavía persiste algún rastro de humanidad en él).

Después de leer este texto, pasé la mayor parte de la semana enfurecida con el poder y el patriarcado. Yo no soy "el hombre", obviamente. Yo soy una mujer. Pero poco a poco, por supuesto, tuve que reconocer que tampoco soy la mujer pobre con una sola oveja.

Tengo un auto en buen estado, gozo de una buena educación, tengo suficiente comida a mi disposición y mil libros. Soy blanca. Soy una privilegiada. David escucha la historia y dice que el amante del poder debe morir. Natán le dice: "Tú eres ese hombre". Es difícil oír una voz que interpele nuestros yoes, pero muchos de nosotros cosechamos los beneficios del sistema de poder. Es lo que comemos y bebemos y respiramos y necesitamos que nos den más para ingerir.

La sinrazón mayor en toda esta situación es que, después de que Natán le muestra a David precisamente hasta qué punto él es el hombre (y sabemos que para él ha sido devastador, violento y terrible descubrirse en esa piel), le dice: "Pero Dios no te condena".

Sin dudas, todo indica que Dios debería condenarlo. Pero tal vez Dios sabe qué es lo que Dios hace. Tal vez lo que necesitamos probar sea la misericordia; el amor que desarma, el alimento que nos da vida, que nos hará cada vez más humanos. Quizás la condenación no funciona tan bien y el poder no se pueda subvertir con el poder.

Tal vez sea eso: de alguna manera, la misericordia es lo opuesto al poder. El amor subvierte el sistema. Quizás Dios ha sabido desde la fundación del mundo que los humanos elegimos el poder sobre el amor y, de todos modos, insiste en venir, en alcanzarnos, una y otra vez, y alimentar nuestra boca con misericordia, renunciando al poder por amor, sin dejar nunca de esperar que abracemos Su camino.

8

ELLA / A ELLA / DE ELLA: SABIDURÍA

¿No llama la sabiduría,

y no alza la voz el entendimiento?

En las alturas, junto al camino,

en la encrucijada toma su posición;

junto a las puertas frente al pueblo,

a la entrada de los portales grita:

"A ustedes, oh gente, les llamo,

y mi clamor es para todos los que viven.

El Señor me creó al inicio de su obra,

el primero de sus actos de hace mucho tiempo.

Hace una eternidad, me establecí;

al principio, antes del comienzo de la tierra.

Cuando no había abismos fui sacada,

cuando no había manantiales llenos de agua.

Antes de que se formaran las montañas,

antes de las colinas, fui engendrada;

cuando aún no había hecho tierra y campos,

ni los primeros trozos de tierra del mundo.

Cuando estableció los cielos, yo estaba allí,

cuando trazó un círculo sobre la faz del abismo,

cuando hizo firmes los cielos de arriba,

cuando estableció las fuentes del abismo,

cuando asignó al mar su límite,

para que las aguas no transgredieran su mandato,

cuando señaló los cimientos de la tierra,

yo estaba a su lado, como un maestro trabajador;

y yo era cada día su deleite,

regocijándome siempre delante de él,

regocijándome en su mundo habitado

y deleitándome en la raza humana".

Proverbios 8: 1-4, 22-31

Es desconcertante mirar hacia atrás en la historia del arte y ver el número de artistas que representaron a Dios como un anciano blanco con barba. En general esperamos de ellos una imaginación más creativa.

Algunas de estas imágenes me parecen un poco ridículas. Por ejemplo, en *Elohim creando a Adán*, de William Blake, Dios luce como un Papá Noel con alas. Soy consciente de que puede parecer de muy mal gusto, o verse como un gesto de irreverencia, que me ponga a criticar la pieza central de la Capilla Sixtina (y me encanta que Dios esté ahí, rodeado de todo ese montón de seres, como si la creación fuera un asunto colectivo, y que algunos de esos seres sean mujeres), pero, aún así, en *La creación de Adán*, de Miguel Ángel, aparece el mismo hombre blanco, viejo y predecible con barba.

No sé por qué cosas como esas me siguen sorprendiendo cada vez que me asomo a la historia del arte, de la teología o de la iglesia, porque en realidad no es muy sorprendente. Santo Tomás de Aquino (obviamente, una gran influencia en el cristianismo y en el pensamiento occidental) pensó que en condiciones óptimas, los hombres, que eran el pináculo de la creación, reproducirían su propia perfección (esa son sus palabras) y procrearían hijos.

105

El hecho de que en ocasiones engendren hijas es un indicio de que el hombre no estuvo a la altura en el momento del coito (palabras tomasinas, más o menos). Las mujeres son defectuosas, pero lamentablemente necesarias para la reproducción, que, Tomás aclara, "es lo único que el hombre no puede hacer mejor sin ayuda de la mujer".

Qué refrescante, entonces, qué hermoso y emocionante, que en este texto en Proverbios, la sabiduría sea una mujer. Ella está con Dios en la creación. Es la actividad de Dios en el mundo. Es una figura explícitamente femenina que participa del misterio del ser de Dios.

Cuando el dogma comenzaba a asentarse en el cristianismo, los hombres que estaban a cargo no se sintieron cómodos con una mujer en ese tipo de papel. Fue así como esta figura femenina que participa en el misterio del ser de Dios no recibió mucha atención. Tal no había sido el caso desde el principio, pero puesto que el patriarcado se instaló en el corazón del cristianismo, la sabiduría se volvió cada vez menos importante.

Ella recibe un poco de atención los días del Domingo de la Trinidad, que sucede en un ciclo de una vez cada tres años, cuando aparece en el leccionario y se le arrastra para que contribuya a hacer un énfasis en la trinidad: es ella la que prefigura a Cristo. La sabiduría, según este texto de Proverbios, es co-eterna con Dios, así como Cristo. Es un punto teológico importante en la doctrina cristiana; sin embargo, una vez que se acostumbra a hacer ese énfasis, por lo general no recibe mucho afecto después de eso. Me pregunto si es el ritual lo que pudo haberla alejado. ¿Por qué habría la sabiduría de quedarse en un vecindario que no la quiere?

La semana pasada leía en el *Washington Post* cómo Internet y el aumento reciente de grupos de odio supremacistas masculinos blancos de extrema derecha han sacado a la luz este odio continuo y profundamente arraigado hacia las mujeres, y cómo la aplicación de la ley está comenzando a entender, cada vez con mayor claridad, que "la misoginia es la droga de entrada para los extremistas". Es así como el *Washington Post* lo pone. Por supuesto, hay gente que viene diciendo desde hace mucho tiempo que la visión represiva (de parte de la clase dominante masculina) de lo "femenino como foráneo" ha servido de modelo básico para proyectar puntos de vista de inferioridad sobre otros grupos sometidos: las clases bajas, las razas conquistadas, los seres sintientes no humanos. El sexismo, el racismo, el clasismo, el imperialismo, el militarismo y el antropocentrismo están todos interconectados y son violentamente destructivos. ¿Por qué querría la Sabiduría quedarse en un ambiente tan hostil y poco acogedor?

Los arquitectos de la institución cristiana creían que el alma de una mujer era deficiente, su mente débil y su voluntad frágil. Por su propio bien, necesitaba ser gobernada por un hombre. No obstante, en este poema de Proverbios, la sabiduría es una mujer. Dios (al menos como se le entendía en la tradición judía) se encarna en estos versículos como una mujer: una mujer que llama a todos los que están vivos: "¡Escúchenme!". Pero incluso más que ser escuchada, anhela que la gente la ame, la busque y la desee.

Ella tiene una fruta que quiere que la gente coma y que es mucho mejor, más deliciosa, más satisfactoria que el oro. Si tienen intimidad con ella, ella promete que será "un refrigerio para sus huesos," pero si la ignoran, le dará paso a la inutilidad, al vacío y a la destrucción. Una persona sin sabiduría anda por ahí con habla engañosa, mirada torva, paso inestable, poses deleznables, presta continuamente a sembrar discordia; es una persona ávida de dar falso testimonio y propalar mentiras. No es para juzgar nuestra realidad actual con demasiada dureza, pero ¿no les suena esto familiar, un poco como a lo que circula por Internet? ¿Algo así como la política partidaria?

Yo solía pensar que Proverbios era un texto un tanto débil teológicamente, demasiado práctico o algo por el estilo. Pero, últimamente, cuando lo leo, parece profético. Quizás Sabiduría finalmente se haya escapado de este tiempo y lugar inhóspitos en los que vivimos. No siento que la vea mucho.

La sabiduría también es conocida como Sofía (*sophia*, la palabra griega para sabiduría). Sofía es una mujer, un personaje encarnado, vivo, que camina por las calles en Proverbios, a través de intersecciones ajetreadas, y que nos llamar a todas, a todos, que anhela amar y ser amada, que alimenta a la gente y la refresca. Hasta la médula. Ella no se describe como una fuerza puramente cerebral, como "pensamiento", ni como algo a lo que se llega siguiendo una lista de pros y contras en un pedazo de papel. Es mucho más viva y más plena que eso. Ella completa nuestra alegría.

¿Hemos gozado últimamente de intimidad alguna con Sabiduría? Tan solo administrémonos cinco gramos de microplástico a la semana diluidos en el agua que consumimos y en nuestra ingesta diaria de alimentos. ¡Delicioso: microplástico! ¿Es ese el fruto de la sabiduría? No lo creo. Las olas de calor en todo el mundo están causando incendios forestales sin precedentes, han colapsado las redes eléctricas y provocado la caída en la cosecha de granos básicos. La selva amazónica emite más carbono del que absorbe. El casquete polar ártico se está derritiendo ahora a niveles que no se esperaban sino hasta 2090. Y aún así, los gobiernos y los intereses de las grandes multinacionales no pueden llegar a un acuerdo para reducir las emisiones de manera suficiente como para abrigar alguna esperanza de continuación de la vida humana en este planeta. Mientras tanto, muchos de nosotros nos sentamos en nuestros sofás que nos conducen a Netflix. Yo sé que eso es lo que hago. Creo que la sabiduría pudo haberse escabullido lejos, al menos por un buen tiempo.

Sofía ya existía desde antes del comienzo del mundo (como ella lo cuenta en su historia en el texto). Dios la dio a luz. Las imágenes que usa para describir su creación son las de una madre que está en trabajo de parto, dando a luz a un bebé. Sofía es la primogénita de Dios. Cuando Dios creó el mundo, Sabiduría estaba con Dios como una niña: su hija amada, o una maestra artesana. La palabra se puede traducir de cualquier manera. Me gustan las dos. ¿Qué si usamos ambas (una especie de dialéctica)? Dios crea el mundo con una bebé lactante en los senos de Dios. Dios tratando de amamantar a una bebé en un brazo mientras crea el mundo con el otro. Y/o, o/y Dios creando el mundo con una artesana hábil, encarnada en mujer codo a codo con Dios. De cualquier manera, en ambos sentidos, el escenario es drásticamente diferente a la imagen de la creación como un acto de una deidad masculina solitaria con una larga barba blanca.

La sabiduría, dice el texto, es el deleite de Dios. Ella le produce un gran gozo. Y su deleite, su alegría, son los seres humanos. Hay un gran énfasis en la alegría y en el juego como si fueran partes cruciales de la actividad de Sabiduría.

La sabiduría es el comienzo del estilo de Dios, dice el texto, como si al dar a luz a Sabiduría, Dios diera a luz las formas en las que Dios procede. Entonces, parece que la manera de ser de Dios en el mundo exige una dosis alta de placer, juego y alegría. No sé cómo lo hayan visto ustedes, pero yo no creo haber oído lo suficiente sobre la alegría de Dios.

Quizás Dios es más juguetón que severo, anda más alegre que enojado, cultiva más el encanto que la misantropía. Tal vez, a Dios le gustan más los humanos que a nosotros. Lo que quiero decir es que no lo sé. Algunas veces es un poco difícil entender cómo es posible, dado que nos hemos dedicado a perfeccionarnos como una especie destructiva, pero creo que es verdad: le agradamos a Dios.

En la última aparición de Sofía en Proverbios, la bebé lactante, maestra artesana, predicadora callejera, dadora de vida, agente de la justicia, arquitecta de la creación y deleite de Dios se convierte simultáneamente en obrera de la construcción, carnicera, viticultora, remitente de profetas y anfitriona convincente. Ella no encarna los estereotipos de género como han sido definidos por el patriarcado. Habiendo construido una casa y preparado su mesa, envía su palabra de invitación a las calles: "Venid y comed mi pan y bebed mi vino". Su esfuerzo constante es atraer a los seres humanos a la vida. Si me buscas, me encuentras, dice. Sofía quiere ser su compañera, anhela tener una relación con todas, con todos.

Pero ¿y si no la buscan, no la aman o no la quieren? No creo que hayamos estado haciendo un muy buen trabajo en este sentido. Ahora pienso en la iglesia. Muchos de sus fundadores ni siquiera intentaron ocultar su desprecio por ella. Cambiaron su nombre por *logos*, una palabra masculina. Y luego se deshicieron de ella de manera explícita y precisa porque Sabiduría no era hombre.

En el pensamiento judío, la sabiduría de Dios es simplemente Dios revelado y conocido. La actividad de Sofía *es* la actividad de Dios; ELLA es una expresión de los atributos divinos en el mundo. Sofía Divina es el Dios de Israel en el lenguaje y la *gestalt* de la diosa. Escondida en otros rincones del texto, aquí se exhibe abiertamente.

Al principio, Sofía era importante para el pensamiento cristiano porque ella era Dios encarnada. Ella les dio a los cristianos una forma de hablar sobre la Encarnación. Los primeros cristianos usaban la categoría de sabiduría, el lenguaje de sabiduría, las palabras de Sofía con sus profundas implicaciones. Fue un lenguaje que les permitió vincular al ser humano Jesús con Sofía, que estaba con Dios en la creación.

Ella les dio a los cristianos primitivos una forma de hablar sobre la encarnación que, con todo y ser fiel al judaísmo, los llevó a entender a Jesús no solo como un ser humano inspirado por Dios, sino como Dios encarnado en el mundo. Sofía les permitió a los cristianos articular la doctrina de la trinidad.

En los evangelios, Jesús posee las cualidades de Sofía. Juan usa el lenguaje de sabiduría: luz, vida y pan. En Mateo, Jesús hace lo que ella hace: llama a los que están cargados a que vengan a descansar en él. Sofía facultó a los primeros cristianos a darle sentido a lo que creían que sucedió en Cristo.

Agustín, escribiendo sobre Cristo como enviado por la palabra, por ejemplo, no duda en apelar a la historia de la Sabiduría: "Pero, en un sentido, ella es enviada de manera tal que pueda estar con los seres humanos; y en otro sentido, ella es enviada de manera tal que ella misma pueda ser humana". Jesucristo es el ser humano en el que se convirtió Sofía.

Es tan asombroso, bello y fluido en términos de concepción de género, que no escuchamos hablar del tema con demasiada frecuencia.

El escritor del Evangelio de Juan está claramente influenciado por la Escritura en Proverbios, que es nuestra lectura para hoy. En su prólogo, él habla de Cristo como el que estaba con Dios en la creación (al igual que Sofía). Pero le cambia el nombre. La convierte en un "él": *logos*.

Algunas personas dicen: "Bueno, el autor tuvo que cambiar el nombre debido al género de Jesús. Pero tal vez el género de Jesús no es tan importante como lo pensaban los padres. Quizás la yuxtaposición ligeramente incómoda de Sofía y Jesús hubiera sido lo acertado: él / ella / ellxs: tan relacional, tan no binario, mucho más lleno de verdad que todo eso de Él / a Él / de Él. Pero el escritor eligió *logos* en lugar de *Sofía* y no es del todo improbable que la misoginia hubiera tenido algo que ver con esa decisión.

Probablemente, el autor de Juan fue influenciado por Filón, el filósofo judío, quien fue, a su vez, influenciado por los griegos, quienes fueron los que relacionaron la *sophia* judía con el *logos* griego. Pero Filón terminó eliminando a Sofía de toda la ecuación porque no pudo aceptar un personaje femenino. Él fue sincero al respecto. Filón dice que el símbolo de la mujer significa todo lo maligno, lo ligado al mundo de los sentidos: el cuerpo.

Por el contrario, el símbolo del hombre representaba el Bien: el mundo del espíritu, no del cuerpo. Dentro de ese marco, sería inconcebible que la divina Sofía pudiera seguir siendo mujer. Filón aclara: "Entonces, no hagamos caso de la discrepancia en el género de las palabras, y digamos que la hija de Dios, incluso Sofía, no solo es masculina, sino padre".

Escribí tres palabrotas en el margen del libro donde

113

lo leí. Me molesta cuando imagino cómo hubieran sido las cosas de haberse tomado otro camino. ¿Qué tal que la iglesia no hubiera alejado a Sofía? ¿Y si la civilización occidental aceptara la sabiduría como una Mujer encarnada en lugar de un "conocimiento" cual si fuese algo incorpóreo, una cosa espiritual? La preferencia por lo inmaterial, lo incorpóreo y lo espiritual como opuesto a lo físico, el rechazo del cuerpo a favor del espíritu, es una dicotomía que no consiguió hacer del mundo un lugar mejor. Es difícil comprender el alcance de la destrucción sobre nuestras mentes y espíritus, sobre el planeta.

No se puede odiar el mundo material sin que haya consecuencias. Lo que hay para comer es plástico. ¡Mmm! Acaba con todas las demás especies y luego extínguete. Ese no es un horizonte muy paradisíaco al cual dirigirnos. Tal vez, decir "qué pasaría si" o "si tan solo" sea inútil, pero, por otro lado, tal vez no sea demasiado tarde para llamarla, para ver a Sabiduría en Jesús. Por supuesto que ella está ahí. Tal vez solo necesite más afecto.

La sabiduría renueva la tierra. Ella busca que a los hambrientos se les dé buena comida. Crea justicia. La necesitamos. Desesperadamente. Ella ha sido despreciada y rechazada; ha sido derribada, pisoteada, burlada, pero puedo creer que nada de eso la mantendría abatida. Ella se levantaría, se sacudiría el polvo y nos volvería a llamar. Una vez. Y otra vez. No quiere que la rechacen, pero tampoco se rinde fácilmente. Es una valiente, ahí en la esquina de la calle se hace oír; una predicadora callejera, dadora de vida, agente de justicia, arquitecta, albañil y viticultora. Ella puede construir una casa y poner una mesa. Ella hace pan y crea el mundo. Ella alimenta a las personas hambrientas con buena comida y les hace justicia.

Ella es Sabiduría. Ama el mundo. Se deleita en los seres humanos. Es difícil entender su amor eterno por los humanos después de todo lo que ha enfrentado, pero supongo que tal vez no va a levantarse y abandonarnos porque la hayamos rechazado. Su amor dura más que nuestra tontería.

La mesa de la comunión está servida. Tomar el pan y la copa puede parecer una nimiedad en medio de los desafíos que enfrentamos, pero creo que hay algo esperanzador, redentor y bueno en esto de unirnos y decir "sí" en este gesto de respuesta a su invitación a alimentarnos.

115

9

MAGNÍFICAT: UN DIOS QUE NUNCA HA DEJADO DE TENER EN CUENTA A LAS MUJERES

En aquellos días, María partió y fue apresuradamente a una ciudad de Judea, en la región montañosa, donde entró en la casa de Zacarías y saludó a Elizabet. Cuando Elizabet escuchó el saludo de María, el niño saltó en su vientre. Elizabet se llenó del Santo Espíritu y exclamó con un fuerte clamor: "Bendita tú entre las mujeres, y bendito el fruto de tu vientre. ¿Y por qué me ha pasado esto, que la madre de mi Señor venga a verme a mí? Porque tan pronto como escuché el sonido de tu saludo, el niño saltó de alegría en mi vientre. Y bienaventurada la que creyó que se cumpliría lo que el Señor le dijo".

Y María dijo:

"Engrandece mi alma al Señor,

y mi espíritu se regocija en Dios mi Salvador,

porque ha mirado con agrado la humildad de su sierva.

Ciertamente, de ahora en adelante todas las generaciones me llamarán bienaventurada;

porque grandes cosas ha hecho por mí el Poderoso, y santo es su nombre.

Su misericordia es para los que le temen de generación a generación.

Ha mostrado fuerza con su brazo; ha esparcido a los soberbios en el pensamiento de sus corazones.

Derribó a los poderosos de sus tronos, y enalteció a los humildes; ha colmado de bienes a los hambrientos, y despidió a los ricos con las manos vacías.

Ayudó a Israel, su siervo, en recuerdo de su misericordia, según la promesa que hizo a nuestros antepasados, a Abraham y a su descendencia para siempre".

Y María permaneció con ella unos tres meses y luego regresó a su casa.

Lucas 1: 39-56 (NRSV)

No estoy segura si son los esfuerzos de mercadeo de la iglesia o un impulso subconsciente aún más rastrero en el patriarcado, pero parece que algo anduviera por ahí conspirando para adocenar a María, la Madre de Dios.

Aquí hay un personaje que se sube al escenario a cantar una canción intensamente revolucionaria; una canción sobre la alteración del orden establecido; una canción que los zares rusos detestaban que se cantara en la misa (*despidió a los ricos con las manos vacías*), porque los aterrorizaba. Una canción que el arzobispo de Canterbury les pidió a sus misioneros en la India que no leyeran en público (*derribó a los poderosos*) porque en un país con tanta pobreza, temía que pudiera incitar disturbios.

Y, sin embargo, ¿María alguna vez consigue un buen repertorio en alguna presentación teatral de la navidad? En las escenas de pesebres, en las canciones navideñas y en la iconografía decembrina en nuestros tiempos, María es tibia, silenciosa y sosa, siempre con ese vestido blanco y su banda azul. ¿Qué tal un pasamontañas, o unas botas de mujer obrera, o un rojo brillante, o simplemente una expresión en su rostro?

Esta es una Mujer que lleva a Dios en su vientre (así cuenta la historia). Esta es la madre que da a luz a Jesús. Hay mucho por debajo de la superficie en la Biblia; óiganlo bien, justo ahí, debajo de la superficie. Desde el principio de los tiempos, cuando los seres humanos comenzaron a fabricar objetos, tallaban, moldeaban, horneaban, re-

119

banaban y tejían imágenes de mujeres embarazadas (las llamaban diosas de la fertilidad). ¿La manifestación religiosa más fuerte del mundo antiguo en casi todas partes? La Gran Diosa Madre.

Ella estuvo allí en los inicios de la religión hebrea. Podemos ver sus rastros por toda la Biblia: el rostro femenino de Dios, la reina del cielo, la consorte de YHWH, Sofía y El Shaddai (normalmente traducido como "Dios todopoderoso", pero El Shaddai puede traducirse también como "la de los senos").

El Dios eterno de amor infinito y de misericordia para todas las personas no se expresa realmente de manera adecuada por un número o por un género. Uno se parece más a dos, por ejemplo, que a DIOS. La belleza del monoteísmo radica menos en algunos datos numéricos que en el descubrimiento de un Dios que no compite con ningún otro, un Dios que está a favor de todos los pueblos. El idioma no nos ayuda mucho. Pero Dios ciertamente no es un anciano barbudo que está en el cielo. Puede que el *mono* de *monoteísmo* no siempre lleve nuestra imaginación hacia direcciones fructíferas.

Dios puede ser uno o, mejor dicho, tres en uno, pero Dios no es un monolito (una gran estructura política, corporativa o social impersonal considerada como intratable, indivisible y uniforme). La monomanía es una patología que se obsesiona con una idea. Monocultivo: aniquilación de la biodiversidad. ¿Quién quiere que una persona monopolice una conversación? ¿Quién quiere a alguien con un monopolio (una entidad con posesión exclusiva o control sobre alguna cosa)? Una planta monocárpica florece y da fruto tan solo una vez. Monocromía: un solo color. Monotonía: una similitud, una repetición aburrida, una falta de variedad en estilo, forma o color.

Y aún así... Algunas personas editan el texto, forman una religión, se aseguran de que el monoteísmo tome fuerza, intentan borrar los rastros de la diosa Madre. Ella pareció haber sido una amenaza para el monoteísmo emergente.

Considerando todos los esfuerzos para erradicarla, es asombroso, creo, hermoso e indómito, que en la historia del evangelio de Jesucristo, de entrada, lo primero que se nos ofrezca sea esto: Dios se encarna en el vientre de la madre. La institución había intentado durante mucho tiempo deshacerse de la madre amada y aquí está: la madre embarazada da a luz a Dios en el primer capítulo de Lucas.

¿Es María una adolescente impotente, vencida de mala gana por el espíritu de Dios? No lo creo. ¿Es ella una subversiva que de alguna manera se abrió camino hacia el Vaticano y las chimeneas de los hogares fundamentalistas en Texas y Tennessee? ¿Es el no masculino rostro de Dios que simplemente no será subyugado? Quizás, eso sea lo más acertado. Dios está encarnado (se le ha dado un cuerpo) dentro de una mujer para llegar a los humanos

121

tan cerca como sea posible, para revelar la profundidad de Su misericordia y amor. "Revolucionario" podría ser una palabra más adecuada para eso que "modesto".

Es fascinante examinar cómo María ha aparecido a lo largo del tiempo en todo el mundo; lo que ella significa para la gente alrededor del globo. Es amada y venerada tanto por musulmanes como por católicos. Es la Virgen Negra de Brasil: la madre de los excluidos, la que condena la esclavitud. En Polonia se la conoce como la Reina de los Trabajadores. Lech Walesa, vocero del movimiento obrero polaco y fundador de *Solidarność* (Solidaridad), la adoraba. María tal vez podría usar unas grandes botas de cuero negro y parches de la lucha obrera cosidos a su chaqueta.

Como La Madre de Todos, en América Latina, María ha liderado movimientos populares que luchan por la liberación de la opresión una y otra vez. Ella es Guadalupe, la diosa indígena que convence a la iglesia católica a que la haga matrona de México: una imagen revolucionaria vital de la resistencia indígena a la colonización y al genocidio. O tal vez, en ocasiones, la otra Guadalupe, la que ha sido instrumento de colonización. Me imagino que ahí se da una mezcla complicada.

Hay una orden sufí que se nombra a sí misma en honor a María. Es una orden que enfatiza lo divino mujeril. Ella es Nuestra Señora de la Gracia, de la Compasión, de la Luz, de los Dolores, de la Misericordia, la Guía, el Trono de la Sabiduría, el Refugio de los Pecadores, el Espejo de la Justicia, la Reina de la Paz, la Estrella del Mar, la Rosa Mística. María es la reina del bosque en el Santo Daime, una religión sincrética cuya práctica se basa en beber ayahuasca, el brebaje psicodélico de la selva.

Algunas personas incluso piensan que ella nunca llegó a dominar todo ese negocio del *branding*. No podemos inmovilizarla. Ella ciertamente no tiene una identidad simple. Pero por muy bien que funcione para la publicidad, nunca he confiado realmente en la idea de que la gente deba convertirse en una marca. Eso de monolito, monótono, monocultivo o monocromía no funciona con María.

Por mucho que lo hayan intentado, las autoridades simplemente no la han regulado. María aparece en Francia, Irlanda, Ruanda, Egipto y Wisconsin. Me encanta que se les haya aparecido a tres niños pastores pobres en Fátima, una ciudad en Portugal que lleva el nombre de la hija de Mahoma, diciendo: "No tengan miedo". Fátima fue la hija que Mahoma más amó, la que se decía que se parecía más a él en su amabilidad y generosidad. Fátima es venerada en el islam casi tanto como María. Con el islam tenemos esta diciente yuxtaposición de palabras: "Nuestra Señora de Fátima": Nuestra Señora (es decir, una señora cristiana) de Fátima (la Resplandeciente del islam), todo en un solo aliento. Los peregrinos musulmanes rezan junto con los peregrinos cristianos en su santuario.

Tal vez, la verdad no siempre sea solo un conjunto científico de hechos verificables, sino también, lo que es más

123

importante, un movimiento hacia el amor, hacia una relación amorosa, hacia Dios y su misericordia amorosa: *Shalom. Salaam.* La madre ama a todos sus hijos y quiere que ellos y ellas se sigan hablando. María tiene una habilidad con ese tipo de cosas: crea portales, construye puentes, ilumina grietas en la pared en lugar de fortificarlas.

Ella no es una marca. Ella es la Mediadora: la constructora de puentes, la que borra líneas divisorias. Aunque nuestra fe sigue con frecuencia las perspectivas orientadoras de los padres, las mujeres nos llevan a lugares diferentes. Ellas estiran las líneas, abren las cosas, nos despegan de los cimientos firmes, de los límites estrictos de la tradición. En lugar de que se patrullen las fronteras con esmero, lo que necesitamos es encontrar agujeros en las vallas que nos dividen. María ha estado en esas por un largo tiempo.

Parece que ella puede aparecer prácticamente en cualquier lugar. En todos lados. Se han visto imágenes de María en un sándwich de queso a la parrilla, en una bandeja de pizza en Houston, en un *pretzel*, en un bulto de leña, en un árbol talado en Nueva Jersey, en una valla en Australia. Ha sido vista en *Cheetos*, en tortillas, en panes horneados en una cocina india, en el té y en radiografías dentales.

Para algunos de nosotros, ese tipo de apariciones pueden parecernos cuestionables o incluso ridículas. Sin dudas, no todas son apariciones aprobadas oficialmente por la Iglesia católica romana, pero sería propio de María presentárseles a los chiflados y las dementes, a los locos, a las hambrientas, incluso a los que afrontan la hambruna, a las groseras. En cuanto a las ricas y los bien educados, se les envía con las manos vacías. Los pobres reciben su bendición.

Como dice Jaroslav Pelikan, "lejos de ser impuesto a un laicado reacio por un régimen autoritario, la creencia en las apariciones marianas se ha impuesto sobre las autoridades eclesiásticas, en la mayoría de los casos, desde abajo". Parece una buena dirección: algunos, desde abajo, derriban a los poderosos de sus tronos. Tal vez.

María es negra. Ella es mexicana. A veces, también es blanca como el lirio. En una ocasión, vi una gran imagen de Nuestra Señora de Guadalupe con guantes de boxeo y bikini. Cuando sea, donde sea, como sea que esté, María es infaliblemente fiel a su canción. Ella viene por los pobres, los enfermos y los heridos, por las madres que han perdido a sus niños, por los cansados y los oprimidos.

No estoy segura de que podamos decir lo mismo sobre cómo han sido las cosas por los lares del Padre Todopoderoso.

El Che Guevara dijo: "La revolución está guiada por grandes sentimientos (¡sentimientos, Che Guevara!) de amor". Esto suena a La Madre.

Dios no es padre ni madre. Dios no es hombre o mujer, ni cis, l, b, g, t ni q. Todo lo que tenemos son metáforas inadecuadas (aunque a menudo hermosas). Dios es un lirio, una rosa, un rocío, es viento y fuego. Dios es una madre osa y una leona. Por otro lado, Dios no es un león, sino un cordero. Dios no está en el fuego ni en el viento, sino en una voz suave y apacible. Dios es un luchador. Dios da a luz.

La proliferación de metáforas en la Biblia podría llevarnos a creer que Dios es más cercano a muchas cosas que a tan solo una. No sabemos exactamente de lo que estamos hablando cuando hablamos de Dios. Ésta es una idea importante a tener en cuenta.

Dios no está sentado en un trono construido por nuestros sistemas; es mucho más vivo que estático, más bullicioso que monótono, más madre / padre / amante que algo uniforme o predecible; una especie de proliferación desenfrenada de flores, antes que un monocultivo.

Puede que no sea el momento adecuado en la vida del mundo para imágenes de *dios-padre-todopoderoso-patriarca-atractivo-de-piel-delgada* con las que se insiste que la gente lo adore. Quizás lo que necesitamos en estos días es un poco más de amor materno, un poco más de subversión del orden establecido. ¿Qué tal el cuerpo de Dios, redondo y espacioso, dado por ustedes?

10

¿NECIAS O LIBRES?
LAS DIEZ DONCELLAS DE MATEO

"El reino de los cielos será así. Diez damas de honor tomaron sus lámparas y fueron a recibir al novio; cinco de ellas eran insensatas y cinco sabias. Cuando las necias tomaron sus lámparas, no llevaron aceite consigo; pero las sabias tomaron frascos de aceite con sus lámparas. Como el novio se retrasaba, todos se adormecieron y se durmieron. Pero a medianoche se oyó un grito: "¡Mirad! ¡Aquí está el novio! Salid a recibirlo". Entonces todas esas damas de honor se levantaron y arreglaron sus lámparas. Las necias les dijeron a las sabias: "Dadnos un poco de vuestro aceite, porque nuestras lámparas se apagan". Pero las sabias respondieron: "¡No! No habrá suficiente para vosotras y para nosotras; será mejor que vayáis a los comerciantes de aceite y que compréis algo para vosotras". Y mientras iban a comprarlo,

*vino el novio y las que estaban preparadas entraron
con él al banquete de bodas. Y la puerta se cerró.
Más tarde, llegaron también las otras damas de
honor, diciendo: "Señor, señor, ábrenos". Pero él
respondió: "En verdad os digo que no os conozco".
Manteneos, pues, despiertos porque no sabéis ni el
día ni la hora.*

Mateo 25: 1-13

Es un vaivén. Voy y vengo entre que las tradiciones son
bonitas y que son supremamente problemáticas, o al
menos necesitan una revisión seria. Por ejemplo: el Día
de Acción de Gracias en mi país. Lo más probable es que
la abuela Gwen no esté pensando en las raíces genocidas
de la festividad mientras revuelve la salsa. Los niños –
sobrinos y sobrinas– que entran y salen de la cocina
no se dan cuenta de que el primer Día de Acción de
Gracias se celebró cuando el gobernador de la colonia de
Massachusetts consagró un día de agradecimiento para
celebrar el regreso de los colonos fuertemente armados
que venían de masacrar a 700 indios de la nación Pequot
(hombres, mujeres y niños). La "tradición" de que los
peregrinos fueron amables con los indígenas es una
mentira.

¿Seguimos perpetuando los mitos de los colonizadores
al celebrar la fiesta? ¿O simplemente estamos disfrutando

de un buen día con nuestra familia y cultivando la gratitud? Vaivén. Voy y vengo una y otra vez.

El Día de Acción de Gracias pasado lo celebramos con mis suegros y tuvimos un momento de paz. Llenamos nuestros platos con la tradicional comida insípida, un menú que probablemente responde más a los dictámenes de la agroindustria y de las grandes corporaciones que producen alimentos masivamente (el diabólico Monsanto, en realidad) que a una buena cosecha. No soy una experta en la cazuela de habichuelas, que algunos llaman judías verdes, pero ¿cómo es que la crema enlatada de champiñones marca *Campbell's* se convirtió en un ingrediente para un gran porcentaje de la población de Estados Unidos en esta fecha, un día de luto para muchos nativos americanos que recuerdan el genocidio, el robo de tierras y el asalto implacable a la cultura de sus pueblos originarios? Quizás, después de todo, lo apropiado sea consumir la sopa de Monsanto.

¿Qué tan odioso (y potencialmente inútil) sería subvertir la cazuela de habichuelas o frijoles verdes? ¿Se puede hacer una cazuela de judías verdes sin recurrir a la sopa enlatada por una filial de Monsanto? Quizás podríamos pegarle un cartel: "Cazuela libre de multinacionales". Sin embargo, tal vez las energías subversivas puedan ser más útiles en otra parte. Yo creo en la capacidad del pueblo de Dios para, de manera creativa y no violenta, subvertir lo

129

que necesita subvertirse. Si alguien tiene algunas ideas, le ruego que las comparta con los demás.

Tradicionalmente, la iglesia da inicio a la temporada de Adviento, las cuatro semanas previas a la Navidad, con un pasaje de las Escrituras sobre la anticipación, no del día del nacimiento de Jesús, sino de la "segunda venida" (como a veces se le llama). Siguiendo esa tradición, pero revisándola un poco, y apartándome del leccionario, elegí un texto que anticipa el regreso de Jesús y que incluye a las mujeres.

En los días previos a que eligiéramos a una estrella misógina y machista de *reality show* para ser presidente de Estados Unidos, leí esta parábola y pensé "qué bonito, el Reino de Dios se puede comparar con diez jóvenes entusiasmadas por algo maravilloso que está a punto de llegar" (se les llama doncellas porque no están casadas y en esos tiempos se casaban muy jóvenes, entonces son niñas). El Reino de Dios se puede comparar con un grupo de niñas que esperan algo emocionante que va a suceder: un día festivo, un día de boda.

Ellas se disfrazan, agarran sus lámparas especiales y esperan con una expectación cálida la venida del novio, porque ahí es cuando comienza la fiesta. Es como los niños que anticipan la Navidad: música, adornos y el delicioso aroma que sale del horno. Ellas no son las personas adultas a cargo, así que la anticipación no está contaminada por ningún sentimiento de pavor. La imagen no es de adultos acosados esperando la llegada de algún tipo de amenaza a su bienestar. Es más como la de niños que juegan afuera, en la noche, que buscan a su alrededor con linternas, esperando dar con algo maravilloso.

La expectativa infantil es diferente de la anticipación adulta. Está libre de recuerdos de frustración. La imagen de la expectativa de las niñas parecía hermosa, divertida y llena de posibilidades. Las chicas "necias" tal vez no planearon bien (se les acabó el aceite antes de que llegara el novio), pero tampoco es una infracción muy grave. ¡Sus padres debieron haber previsto que tuvieran aceite! Y las chicas "sabias" pudieron haber planificado mejor, pero no dan la impresión de ser personas precisamente justas: no están dispuestas a compartir su aceite.

Cuando el novio no deja entrar a las chicas "necias" a la fiesta, el relato, para mí, se torna sorprendente y triste. Pero hay algo en el carácter de la parábola que me hace ver la espera como algo más optimista que amenazante. Esta historia no es acerca de alguna declaración doctrinal sobre Dios cerrándoles la puerta para siempre a las personas que de alguna manera no tienen suficiente aceite. Sin dudas, tampoco es un tratado sobre el infierno. Es el final de una historia que Jesús les cuenta a sus discípulos para inculcarles la importancia de que se mantuvieran despiertos. El Reino de Dios es como anticipar con asombro infantil algo hermoso que no me quiero perder. *Cool*.

Pero leyendo esta historia de las mujeres jóvenes a raíz

de los acontecimientos recientes –#MeToo, la Marcha de las Mujeres, Harvey Weinstein, ciertos funcionarios electos, sexismo desenfrenado cada vez más agresivo, y así sucesivamente–, comencé a cuestionar la forma en que había venido leyendo esta parábola. Tal vez, estas mujeres jóvenes no están entusiasmadas en absoluto por la llegada de este hombre. Quizás no hay nada de expectativa infantil ante una gran celebración y una fiesta agradable. Puede que ellas aun ni quieran estar allí. Pero alguna vieja tradición patriarcal exige que las jóvenes enciendan lámparas para el novio, lo que las obliga a conformar este "ritual de espera del novio", cuando lo que realmente quieren hacer no es nada ni remotamente parecido. Tal vez las supuestamente necias son realmente inteligentes. Quedarse sin aceite les da la oportunidad de escabullirse de ese compromiso social, quitarse esa ropa incómoda que ya les pica y los zapatos que les matan los pies, y salir esa noche por su cuenta, fuera de este sistema de comportamiento esperado o forzado y de decoro ficticio.

Tal vez las doncellas del aceite sean las que están de acuerdo en conservar los tacones altos y las ropas apretadas, listas para la llegada del hombre. Quizás ellas sean más complacientes, en realidad, que "sabias". No van a compartir su aceite. ¿Desde cuándo la ausencia de generosidad es considerada un elemento de sabiduría?

Tal vez, en realidad las niñas "tontas" estén bien con el hecho de que el novio no les permita entrar en la casa.

Él dice: "No las conozco". Ellas responden: "¿Ah, no? Tampoco te conocemos, *bro.* ¡Vámonos de aquí, hermanas! Al carajo con el cis-heteropatriarcado".

Quizás Jesús no está del lado del novio. Tal vez, en realidad no hay "bandos", y, más bien, el novio y Jesús no son figuras equivalentes. Jesús concluye la parábola, y luego dice: "Manteneos, pues, despiertos porque no sabéis ni el día ni la hora". Quizás lo que está tratando de decir es: "Se van a sorprender".

No es que Jesús inste a sus discípulos a estar atentos como si fuesen la Agencia Nacional de Seguridad –NSA– o su *Homeland Security*. Tampoco intenta que ahora se lo pasen echando miradas hacia atrás por encima del hombro o sospechando de todo a toda hora. Es más bien como "¡Miren! Esto será interesante y querrán prestar atención", porque lo que viene no será lo mismo que han visto año tras año tras año. No van a ser los mismos viejos dioses masculinos del poder y la fuerza.

En el capítulo anterior a este, Jesús dice algunas cosas que suenan como a lo que la gente del futuro imaginará que será la segunda venida: que un dios vendría entre las nubes del cielo con poder y gloria. Pero en el capítulo posterior, Jesús muere. Creo que lo que intenta es prepararlos para esto. Él está deconstruyendo todo el asunto de las "nubes del cielo con poder y gloria", más que reforzándolo. Lo que sucederá es algo que los discípulos no esperan. Si van a llamarlo poder y gloria, entonces es un tipo de po-

133

der y gloria muy diferente. Es una sorpresa; no como una fiesta de cumpleaños, sino como una revelación, una revolución, una especie de buena noticia que tiene el potencial de poner el mundo patas arriba.

Jesús dice que van a ver al hijo del hombre venir con gran poder y gloria, pero el gran poder y gloria del hijo del hombre es la cruz. Una revisión significativa de la visión tradicional de cómo es un dios. No se parece en nada a Zeus, ni a César, ni a ningún otro Demagogo de antaño.

Las buenas nuevas de Jesús, su poder y gloria, son asombrosamente diferentes de "las buenas noticias del imperio", con su fuerza bruta y su poderío económico y militar. No es el poder de un buldócer, un conquistador o una fuerza policial. No es un poder controlador ni dominante ni violento ni uno que se encierra en sí mismo, ni arrogante. No es un poder macho ni grandioso. Es lo opuesto al poder que suele atribuírseles a los dioses (o gobiernos), que exigen sacrificios y templos y tronos de oro.

El poder de Jesús es el poder de un Dios que obra de una manera completamente diferente a la manera en la que normalmente pensamos que funcionaría un dios. La cruz es absoluta resistencia pacífica a los poderes falsos que existen. Expone la corrupción de estas potencias. El poder de la noviolencia es bastante diferente de lo que el mundo suele entender como poder. Es paciente y amable, no celoso ni jactancioso, no arrogante ni brutal. No insiste en su propia manera egoísta de proceder. No es irritable ni resentido. Es el poder del amor y la misericordia radical que nos libera del poder del odio y del chivo expiatorio, que es a lo que tradicionalmente tendemos, para ser honestas y honestos.

Jesús les cuenta esta parábola a sus discípulos, no al público en general. Les está diciendo que se mantengan despiertos para que no vayan a perderse nada de esta revelación. Pero se la perdieron. Aún peor, negaron por completo a Jesús. Tarde en la noche, en el huerto de Getsemaní, Jesús les pidió que se mantuvieran despiertos con él; pero todos se fueron a dormir. Aparentemente, no hubo aceite en sus lámparas como para mantenerlas encendidas.

Al canto del gallo, Pedro niega haber conocido a Jesús, ¡tres veces! En la mañana, Jesús es entregado a los romanos para ser crucificado y todos sus viejos amigos se apartan. No son muy buenos discípulos. Dame las chicas inconformistas sin aceite (con su falta de dependencia de los combustibles fósiles) siempre. Pero Jesús no se deshace de sus malos discípulos. Él los ama.

Obviamente, Jesús no vendría con el poder y la gloria que estaban esperando, así que lo abandonaron. Sin embargo, en algún momento, poco después, tuvieron que haber revisado todo el asunto, porque transmitieron las historias que no los hacen quedar muy bien. Eso demanda coraje, humildad o algún tipo de convicción. Quizás revelación.

Supongo que a mucha gente toda la historia de la cruz

135

pueda resultarle un poco embarazosa. Es una historia oscura y hace que Dios luzca vulnerable, así que tal vez continúen esperando la segunda venida con la expectativa de que el Mesías venga con una agenda diferente, un programa que ya no será el de la cruz. Como si estuviéramos esperando que Dios nos mostrara algo más, algo de fuerza. Por favor.

Sin embargo, si pensamos que Dios está ausente y necesita regresar en una nube con algún tipo de poder y gloria diferente, estamos buscando un dios distinto al revelado en Jesús. Y tal vez eso esté bien; quizás la mayoría de la gente quiera un tipo de dios poderoso, pero no creo que ese tipo de dioses nos traten muy bien. No creo que los dioses ricos, poderosos y grandiosos nos amen mucho. La mayoría de nosotros no somos lo suficientemente buenos para ellos. Somos demasiado débiles o demasiado mortales, o estamos demasiado enfermos y destrozados.

Pero el dios revelado en Jesús es del tipo que se sienta en medio de todos esos escombros, junto a los más enfermos y las más débiles, los abusados, las colonizadas, los oprimidos, las tristes y pobres, y los ama, disfruta de su compañía; los convierte en los primeros en su Reino. El primero será el último, el último, primero (aunque no sé exactamente qué significa eso, estoy bastante segura de que es un revés de los valores del imperio).

Si pensamos que Dios está ausente, o todavía esperamos que venga, tal vez necesitemos cambiar nuestra perspectiva. Estamos viendo las cosas desde ángulos equivocados. Jesús en la cruz viene a nosotros todos los días, si estamos esperando a Dios de esa manera. La anticipación de la segunda venida parece un poco fuera de lugar: Dios está en la milmillonésima venida de Dios. Dios está siempre presente, no deja de venir. Si aún estamos esperando su segundo regreso, ya nos lo perdimos. Si esperamos que Dios manifieste la deidad de alguna otra manera, en algún imperio más glorioso, entonces nos va a tocar despertarnos. Jesús sigue viniendo como el más pequeño, el refugiado, el invisible, el oficialmente impotente, el prisionero, y es posible que te lo pierdas si lo que estás viendo es *Masterchef Celebrity*.

Si queremos seguir a Jesús, debemos cambiar seriamente nuestra lealtad; tenemos que dejar de estar subordinados al imperio, a los poderes de turno, y amarnos unos a otros. Eso significa amar, no nuestro propio privilegio o poder, sino a los que sufren por nuestro privilegio y poder. Amar no significa enviarle buenas vibras a alguien. No es que eso sea malo; amar puede incluir las buenas vibras, pero las personas que sufren perpetuamente la injusticia necesitan más que nuestro buen rollo.

Nunca ha estado más claro (bueno, tal vez sí, pero no parece haber sido así durante mi existencia) que la lealtad al imperio (a los poderes de turno) es lealtad a la supremacía blanca. Entonces, ¿qué vamos a hacer para cambiar nuestra lealtad? ¿Qué hay que hacer ahora? ¿Con quién?

¿Dónde? ¿Cuándo? No creo que pueda ser lo mismo de siempre, vez tras vez.

Puede que seguir a Jesús no sea tan fácil. Sé que no soy buena en eso. Pero pienso que está bastante claro que tenemos que dejar de esperar que el poder y la gloria aparezcan y arreglen las cosas. No creo que seamos mucho mejores que los discípulos originales. Nos la pasamos durmiendo y traicionando a Jesús, esperando algo más. Y Jesús sigue dándonos su cuerpo destrozado.

UNA HISTORIA TRÁGICA DE GENTE CON MIEDO: SALOMÉ

El rey Herodes se enteró, porque el nombre de Jesús se había dado a conocer. Algunos decían: "Juan, el que bautizaba, ha resucitado de entre los muertos; y por esta razón estos poderes actúan en él". Pero otros decían: "Es Elías". Y otros: "Es un profeta, como uno de los profetas de la antigüedad". Pero cuando Herodes se enteró, dijo: "Juan, a quien yo decapité, ha resucitado".

Porque el mismo Herodes había enviado hombres a que arrestaran a Juan, lo ataran y lo metieran en la cárcel a causa de Herodías, la esposa de su hermano Felipe, porque Herodes se había casado con ella. Juan le había estado diciendo a Herodes: "No te es lícito tener la esposa de tu hermano". Y Herodías le tenía rencor y quería matarlo. Pero ella no pudo, porque Herodes temía a Juan, sabiendo que era un hombre justo y santo, y lo protegió. Cuando lo escuchaba, Herodes se quedaba muy perplejo; y sin embargo le gustaba escucharlo. Pero la oportunidad llegó cuando Herodes, en su cumpleaños, ofreció un banquete para sus cortesanos y oficiales y para los líderes de Galilea. Cuando la hija de Herodías entró y bailó, complació a Herodes y a sus invitados; y el rey le dijo a la niña: "Pídeme lo que quieras y te lo daré". Y le juró solemnemente: "Todo lo que pidas yo, te daré, incluso la mitad de mi reino". Ella salió y le dijo a su madre: "¿Qué debo pedir?". La mujer respondió: "La cabeza de Juan, el que bautiza". Inmediatamente, ella se apresuró a regresar al rey y le pidió: "Quiero que me des de inmediato la cabeza de Juan el Bautista en una bandeja". El rey estaba profundamente afligido; sin embargo, por respeto a sus juramentos y por los invitados, no quiso rechazarla. Inmediatamente, el rey envió a un soldado de la guardia con órdenes de traer la cabeza de Juan. Él fue y lo decapitó en la cárcel y trajo su cabeza en una bandeja y se la dio a la niña. Entonces la chica se la dio a la madre. Cuando sus discípulos se enteraron, fueron, tomaron su cuerpo y lo pusieron en una tumba.

Marcos 6: 14-29

He oído que el miedo puede ser un mecanismo de supervivencia, pero en estos días se siente como si el temor hubiera descendido sobre nosotros y nosotras como una nube tóxica que dificulta la respiración. Honestamente, el miedo ya me cansa: el mío y el de los demás. Me sorprende saber lo que algunos de mis vecinos temen: conspiraciones de pedófilos liberales, que las vacunas son parte de un plan del gobierno para insertar microchips en la población, yo misma. Algunos de mis vecinos me tienen miedo, o al menos temen que mis creencias progresistas vayan a dañarlos. Por otro lado, por lo general, estoy muy segura de que la mayoría de mis miedos están bien fundados. Realmente hay agrupaciones bien articuladas de violentos extremistas de derecha que planean asesinatos y caos, ¿verdad?

También creo que el miedo puede inspirarnos de buenas maneras; nos pueden inquietar a hacer algo al respecto de la crisis climática, o en pro de las generaciones futuras, pero también parece llevarnos a odiar a ciertas personas o a hacer estupideces. El miedo se convierte en ira con una facilidad increíble, tal vez porque el miedo se siente vulnerable y la ira se siente poderosa. Pero es claro que el mundo está sufriendo de miedo, y hay consciencia de la ira y el odio que puede generar.

El miedo es un gran elemento en el Evangelio de Marcos. La historia en el capítulo seis de Marcos comienza con la gente preguntándose quién es Jesús. Algunas personas piensan, razonablemente, que es un profeta, pero Herodes (casi al estilo de una historia de terror) cree que es Juan a quien él mismo mandó a decapitar y que ahora ha vuelto de entre los muertos.

El autor de Marcos suele ser parco. Las cosas se mueven rápidamente en el libro, pero aquí se detiene y cuenta esta historia larga, dramática y detallada. Este relato despierta la indignación en mucha gente. Lo deduzco de las palabras que encontré en muchos comentarios: vil y vicioso, malvado, despreciable, repugnante, corrosivo, inmoral. Las cabezas cortadas definitivamente transmiten un ambiente sombrío, pero me pregunto si la historia es realmente más triste que escabrosa. Tal vez, sentirse triste no sea tan energizante como sentir asco, pero si nuestra supervivencia no está en juego, es sin dudas menos destructivo, aunque es probable que sea más vulnerable.

Para mí, que a Juan le corten la cabeza no es la parte más triste. Él parece estar preparado para ser un mártir. Es la niña, la hija bailarina, la que me rompe el corazón. Ella no tiene un nombre en Marcos, pero Josefo, el historiador judío que escribió en el siglo I, en algún lugar menciona que Herodías tenía una hija llamada Salomé. Entonces, la niña recibe un nombre. Pero su nombre no parece introducirse en la historia envuelto en un manto de dulce misericordia.

Esta chica, de la que prácticamente no hay información histórica, que ofrece una danza que no se describe en absoluto y que ni siquiera ocupa una frase, ha recibido DEMASIADA atención de teólogos, pintores, dramaturgos, poetas, productores de cine, escultores, novelistas y músicos; mucha atención masculina: Miguel Ángel, Caravaggio, Pablo Picasso, los tres Gustavos (todos pintores), Richard Strauss, Oscar Wilde, Tom Robbins, Nick Cave. Enumerar todos los artistas masculinos que se han detenido en su imagen podría demandarnos mucho tiempo.

Algunos padres de la iglesia defienden su candidez (ella es la niña de los ojos de sus padres, utilizada por su madre), pero la mayoría de los hombres que la interpretan, representan o reparan en su vida, no discuten por su inocencia. Todos parecen sentirse atraídos por ella, y temerle.

Salomé es retratada como una lasciva tentadora que aleja a los hombres de la salvación, una bella mujer fatal seductora, la personificación de los peligros del deseo. Hay un teólogo contemporáneo que sostiene que "el cuerpo ondulante de la joven capta todo el deseo en la habitación, su danza erótica arrastra al grupo en una pasión unánime". Otro expresa: "Su baile es inspirador del delirio y desencadena el deseo maligno, traicionero y asesino; un frenesí de excitación brutal".

¿En serio? Parece demasiado, ¿no creen? Como si el baile de esta niña pudiera realmente ser tan aterrador. La palabra empleada aquí para "bailar" ya se ha usado anteriormente en Marcos en el sentido de "jugar". La palabra para "niña" es la misma que se usa para la hija de Jairo que es resucitada de entre los muertos en el capítulo cinco. Probablemente tenga unos doce años. Pero un novelista la describe como la mujer que "por las lascivas contorsiones de su cuerpo quiebra la voluntad, domina la mente de un rey por el espectáculo de sus pechos temblorosos; la encarnación simbólica del Vicio tan antiguo como el mundo, la diosa de la Histeria inmortal, una Bestia monstruosa del Apocalipsis, indiferente, irresponsable, insensible, venenosa".

En una versión de la historia de su vida, "ella recibe su merecido" cuando resbala y cae en el hielo al cruzar un río y, en una especie de "baile" frenético para recuperarse, termina decapitándose a sí misma.

Karl Barth dijo que lo que encuentras en la Biblia depende de lo que andes buscando. El texto es un espejo. Refleja al lector. No es de extrañar que el mundo esté atascado en la misoginia.

A menudo, confío en que lo que me da miedo es digno de miedo, pero luego sucede algo que abre mi mente a otra forma de ver. Hace poco, estaba de visita en lo de mis padres, en una ciudad pequeña de Indiana. La vecina de la acera de enfrente ya me estaba empezando a irritar. Me parecía agresiva y hostil por los carteles políticos que colocaba en su jardín delantero. Pero una noche, mis padres y yo estábamos sentados frente a la casa, disfrutando del atardecer, y ella se acercó a ver si queríamos un trozo del pastel que acababa de hornear. El pastel estaba caliente y delicioso, con bastante crema rosa. Cuando se sentó a charlar, descubrí que era de Camboya. Sus padres habían sido asesinados por los jemeres rojos antes de que ella huyera del país con sus vecinos. Después de escucharla describir su historia, pude ver por qué "socialismo" podía resultarle una palabra aterradora y por qué podría sentirse atraída por alguien que juraba proteger el mundo de los comunistas liberales, y me hizo preguntarme quiénes estarían detrás de las puertas de todas las casas con letreros que detesto en sus ventanas y prados. ¿Cuáles son las historias de las personas a las que les temo?

El autor de Marcos cuenta esta triste historia sobre Herodías, Herodes y Salomé sin usar palabras como vil, vicioso o repugnante. Quienes están familiarizados o familiarizadas con Marcos, probablemente sepan que el autor suele insertar una historia dentro de otra para interrumpir la narración. La historia de la decapitación de Juan el Bautista es la ruptura. Ese relato interrumpe la historia del envío de los discípulos en una misión. Los discípulos han estado andando con Jesús, pero justo antes de que nos enteremos de la desaparición de Juan, son enviados por su cuenta. Salen a echar fuera muchos demonios y a curar a la gente en una misión bastante exitosa, cuando Marcos de pronto corta y pasa a recontar detalladamente la decapitación. Luego, regresa a los apóstoles, que vuelven de la misión a contarle a Jesús de su éxito.

Así que hay una historia esperanzadora sobre buenas

noticias y éxito entreverada en este otro relato oscuro, entre esta penosa historia sobre gente que vive presa del miedo.

A veces, a Herodes se le llama rey. Pero no es realmente un rey. Es un tetrarca, lo que significa, literalmente, "señor de un cuarto de reino". En medio de un imperio gigante, no es muy importante ni admirado. Honestamente, por lo que sabemos de él, probablemente tampoco es muy inteligente.

Herodes construyó su ciudad capital en un cementerio. No fue una decisión muy sagaz, porque nadie en su pueblo, en ningún pueblo judío, quería vivir en un cementerio, algo prohibido por la ley hebrea. Así que tuvo que poblar su ciudad con gente que, más o menos, tenía que transportar al lugar. Su padre, Herodes el Grande, no quería que él fuera su sucesor. Prefería a sus otros hijos. Pero cuando sus otros hijos intentaron envenenarlo, Herodes el Grande los mató y terminó por legar el título a este, el pequeño Herodes.

Herodes el pequeño no es muy querido por su pueblo ni por su familia. Al parecer, él era una especie de persona asustadiza y tal vez paranoica, pero en esta historia no parece ser de corazón duro. Le gusta Juan el Bautista, y también le teme. El texto dice que él sabía que Juan era un hombre justo y santo y que lo mantuvo a salvo: "Cuando lo escuchaba, Herodes se quedaba muy perplejo; y sin embargo le gustaba escucharlo".

En otras palabras, a Herodes le gustaba oír a Juan. Hay aquí algo de amabilidad, belleza y vulnerabilidad. ¿Por qué a un tipo como Herodes le gustaría escuchar a Juan, que era alguien bastante duro y excéntrico (comía langostas, usaba una camisa de pelo)? No era una persona encantadora ni relajada.

Aquí encuentro algo inesperado y elegante: Herodes el impopular arrastra una silla, escucha con paciencia, con agrado, cómo el extraño Juan habla sobre lo que sea. Herodes simplemente no me parece malvado, tal vez sí un hombre solo. Pero Herodías, la esposa de Herodes, por otro lado, detesta a Juan. Quiere matarlo.

Claramente, debemos condenarla. Ella es "vil y viciosa", como dice la interpretación en el portal *Bible Gateway*. Pero realmente, ¿qué sabemos de su vida? No mucho. Sabemos que vivió el trauma de que su abuela, su padre y sus tíos fueran asesinados por su abuelo, Herodes el Grande, quien la casó (probablemente cuando tenía doce años) con su medio tío, el hermano del pequeño Herodes.

Según *New World Encyclopedia* (no estoy segura de dónde esta gente obtiene toda esa información), "durante una visita a Roma, Herodes (el pequeño) se enamoró de ella y le propuso matrimonio, y ella aceptó". Sí, ella ya estaba casada con el hermano de Herodes, pero, tal vez, finalmente sintió que alguien la amaba. O no. Pero quizás ella amaba a Herodes el pequeño. Y Juan el Bautista, este justiciero devorador de langostas, hombre con camisa de pelo,

147

posiblemente condenador (incapaz de saber qué implica estar en la sandalias de Herodías) se opuso al matrimonio. Y ella sabe que a su marido le gusta y lo escucha, entonces quiere matarlo. Quizás la mujer sea pura maldad. O tal vez puro miedo de perder algo que le importa. Karl Barth preguntaría: "¿Qué buscas cuando lees la historia?".

Herodes tiene una fiesta de cumpleaños y ofrece un banquete para sus cortesanos y los líderes de Galilea, probablemente en su mayoría hombres judíos con alguna influencia en la comunidad, no necesariamente viejos lujuriosos. Muchos intérpretes condenan el banquete en esta historia por su exceso de borrachera, sin embargo, por todo lo que sabemos del texto, la chica podría haber estado practicando un baile divertido para hacer reír a la gente, algo que estaba ansiosa por mostrarle a su papá, mientras los hombres bebían té y comían pastel de cumpleaños. Allí no se menciona el vino. Nadie envió a buscar a la hija de Herodías. Su madre no la mandó. El texto dice que ella deleitó a Herodes y a sus invitados, pero el término para "deleitar" o "encantar" no tiene ninguna connotación erótica.

El pequeño Herodes le dice a la niña, ya sea su hija o su hijastra: "Pide lo que desees, y te lo concederé; incluso la mitad de mi reino". Sí, es una gran promesa, pero ¿no podría ser este un padre hablando con su amada hija que estaba divirtiendo a un grupo de hombres judíos sin un pelo de lujuriosos? Sin dudas, es posible. Herodes hace una gran promesa, aunque no muy diferente de lo que diría un padre encantado por su hija.

Después de que Herodes expresa que le daría lo que quisiera, ella corre hacia su madre: "¿Qué debo pedir?". Esto es lo triste para mí. Como si la niña no estuviera acostumbrada a tener una voz. Proviene de una familia desordenada. No es libre. Tal vez, quería gritar "¡Quiero un pony y helado y un gatito y una fiesta de cumpleaños!". Pero algo hizo que fuera a preguntarle a su mamá. Tal vez, amaba a su madre y sabía que estaba asustada, o que tal vez le temía a algo. Cualquiera haya sido el caso, la chica le pregunta a su mamá, y esta le responde: "Pide la cabeza de Juan el Bautista".

149

Escalofriante. Terrible. Realmente, un desastre total. Y es tan triste. ¿Que una chica pequeña quiera la cabeza decapitada de un profeta?

En general, las mujeres en Marcos son bastante asombrosas. Dicen la verdad. Su fe las sana. Suelen lucir mejor que los hombres que aparecen en el libro. No para salir ahora toda binaria ni nada de eso, pero es lo que Marcos está apuntado. Las mujeres se quedan con Jesús en la cruz cuando los discípulos varones huyen.

¿Tal vez Marcos tuvo que contar una historia sobre un par de mujeres malas y malvadas para igualar el marcador? ¿O es más complicado que eso? ¿Son algunas personas malvadas, malas y hay que temerles, mientras que otras son buenas, puras e inofensivas? ¿O todos somos capaces de cosas similares, dependiendo de nuestras circunstancias?

La Biblia dice que la niña bailó, pero luego ella se convirtió en un objeto sobre el que los intérpretes proyectaron sus miedos y fantasías durante 2000 años. Esto es lo que me entristece, por Salomé y las niñas de todas partes, y por las familias resquebrajadas y las personas atrapadas; por cualquier persona que alguna vez haya sido objetivada y por aquellas que tienen miedo.

El miedo puede ser un mecanismo de supervivencia, pero claramente es capaz de hacer mucho daño.

Salomé dice que quiere que Herodes le dé la cabeza de Juan el Bautista en una bandeja. Su petición hace que Herodes se entristezca profundamente. Él no quiere decapitar a Juan el Bautista. No quiere que la chica le pida una cabeza, pero se siente atrapado por lo que prometió.

Quizás estas sean personas malvadas. O tal vez sea tan solo una tragedia. La vergüenza y el miedo, la desconfianza y las palabras pronunciadas apresuradamente conducen a algo terrible. Tal vez aquí no haya nadie a quien culpar. La situación es mucho más complicada.

Yo creo que parte de la revelación de las buenas nuevas es que no hay ninguna persona ni grupo a quien culpar. Solo estamos nosotros y nosotras: gente atrapada y enredada y herida y llena de vergüenza; a veces, quebrantada. No hay nadie a quien culpar. Es más como si se tratara de una red complicada de mineros del carbón desempleados, políticos codiciosos pero no puramente malvados, gente que vive de pago mensual a pago mensual, entre adicciones, inundaciones, incendios, la necesidad de empleo, el "crecimiento" y los escombros que trae consigo, las personas hambrientas, gente rica y gente pobre que no han recibido suficiente amor, gente asustada. Y nadie es realmente bueno. Y nadie es simplemente malo. Aunque todos y todas somos algo malos. Nadie es inocente y nadie es maldad pura. Es solo esta trágica historia de seres humanos destrozados que a veces se aferran a sistemas resquebrajados y actúan por miedo y se lastiman (a veces horriblemente).

En medio de la historia de los discípulos de Jesús que salen a su misión medianamente exitosa, tenemos esta triste y trágica historia de Herodes, Herodías, Juan el Bautista y Salomé. Y claro que me parece acertado. ¿De qué sirven la misión, el evangelio y la buena noticia sin esta historia incrustada ahí? ¿De qué sirve la gracia de Dios si no incluye a estas personas que la necesitan desesperadamente; sin estas manifestaciones realmente concretas de la vergüenza y el miedo? Jesús no hace una iglesia de hombres justos y valientes, mujeres dulces y gente feliz y brillante. Él hace que pecador/a y enferma/o se reconstituyan por completo.

Tal vez no necesitemos historias que nos hagan sentir bien. Quiero decir, tal vez algunas sí nos produzcan bienestar, pero esta no es una de ellas.

En el libro de Marcos, el miedo es relevante. El evangelio termina con las palabras "no dijeron nada a nadie porque tenían miedo". Los discípulos abandonan a Jesús en el final porque tienen miedo. El mismo Jesús en el huerto de Getsemaní tiene miedo. Sin embargo, aunque es la última palabra del libro, no es realmente la última palabra, porque con el tiempo, los seguidores de Jesús hablaron, siguieron contando la historia. Continuaron adelante. Probablemente, con miedo.

Tal vez, mientras contaban la historia sobre el amor de Dios por todas las personas una y otra vez, y predicaban la misericordia de Dios para todas y todos y Su gracia para con el mundo, la confianza fue ganando espacio. La forma de salir del miedo es la confianza, pero la confianza no es exactamente algo que podamos alcanzar o esforzarnos por lograr o mejorar. Es algo que se desliza a tu lado sin tu esfuerzo cuando eres amado/a de una manera en la que se puede confiar, cuando sabes que toda la humanidad y la creación son amadas de una manera en la que se puede confiar. Así ama Dios.

No sé cómo puede ser cierto que nada, nadie ni cosa alguna nos separa del amor de Dios, pero lo creo (a veces) con (la mayor parte) de mi corazón. Y entonces, no tengo miedo.

En Europa, en la Edad Media, la veneración de imágenes devocionales de la cabeza de Juan en una bandeja se convirtió en algo popular. Se pensaba que las imágenes tenían poderes curativos. El banquete de Herodes presagió la última cena y la imagen de la cabeza de Juan en la bandeja corría paralela a la imagen de Cristo como la fuente del alimento sagrado.

Sí, así es, eso suena desquiciado; ¿la cabeza en la bandeja como la última cena? Pero esto es lo que valoro al respecto: es Salomé quien presenta la cabeza de Juan el Bautista en una bandeja. De alguna manera, con toda la locura y la tragedia mezcladas, Salomé termina sirviéndole a la iglesia la comida que necesita. Parece una hermosa redención.

Jesús convierte la muerte, el miedo, el asesinato y el juicio –las fuerzas destructivas del universo– en amor. Parece difícil de creer, pero estas palabras suenan en toda la Biblia: no teman, porque yo estaré con ustedes, siempre. Cobren ánimo. No sean temerosos. Dios nunca los dejará. No teman, solo crean. Y si no pueden acopiar la fe o la confianza en sus cabezas, todavía pueden hacer algo: participen en la comunión. Lleven en sus cuerpos lo que les es dado por amor.

12

REESTRUCTURACIÓN DE LA CONCIENCIA: LA MUJER EN BUSCA DE UNA MONEDA

"¿O qué mujer que tiene diez monedas de plata, si pierde una de ellas, no enciende una lámpara, barre la casa y busca con cuidado hasta que la encuentra? Cuando ella la ha encontrado, reúne a sus amigos y vecinos, diciendo: 'Regocíjense conmigo, porque encontré la moneda que había perdido. Así, les digo, hay alegría en presencia de los ángeles de Dios por un pecador que se arrepiente".

Lucas 15: 8-10

Me preocupa que la mujer que Jesús está imaginando tenga una enfermedad mental. ¿Qué mujer no sería tomada por tal si se levanta en medio de la noche, enciende una lámpara, barre la casa y busca con diligencia una moneda perdida? Vuelca cojines, mueve sofás, vacía los bolsillos de todos los abrigos y pantalones de la casa; se tira al suelo, pega la cara al piso, y pesca debajo del refrigerador y de la estufa. Son las tres de la mañana en punto. Ahora solo hay nueve monedas. Perdió una. Inicialmente eran diez. ¿Cuáles son las posibilidades de que la moneda extraviada esté en la casa? Probablemente se le haya caído en la calle. Pero ella está de rodillas toda la noche, doblada, respirando polvo. Y la encuentra.

Luego, sale gritando, emocionada: "Todos, vengan, regocíjense conmigo porque encontré mi moneda". Perdió una moneda. Se levantó y barrió y finalmente la encontró debajo de la alfombra en el baño. Bien por ella, pero parece exagerado invitar a todos los vecinos a venir y regocijarse con ella. Para los vecinos puede ser difícil meterle entusiasmo a la celebración. Quiero decir que... genial, cariño, encontraste tu moneda, bien por ti, pero ¿regocijarnos contigo? ¿Por eso? El regocijo es una palabra grande, rellena de mucha alegría. Ni siquiera sé cuántas veces lo hayamos experimentado en la vida.

El otro día estaba tratando de abrir un frasco de encurtidos y me dio trabajo. Finalmente, después de golpearlo contra el suelo y sumergirlo en agua, lo abrí. Me sentí feliz, pero no invité a mis amigos y vecinos para celebrar. Pierdo mis llaves probablemente una vez al día. Es un alivio encontrarlas, pero ya sería demasiado hacer una fiesta. La historia de Jesús sobre la mujer y su moneda suena como la de una mujer buscando una excusa para

156

descorchar una botella de vino.

Hay muchas cosas por las que preocuparse en este momento, muchas decisiones por tomar. Hay protestas a las que unirse, racismo por derrotar y la destrucción del planeta es un motivo de grave preocupación. A veces veo una moneda en el suelo a plena vista y no la recojo. He estado haciendo la fila para pagar en el supermercado desesperada, con todo el afán de la vida porque tengo otras quince cosas que hacer, y de alguna manera, cuando meto el cambio en mi billetera, una de las monedas cae al suelo y sería un gran esfuerzo agacharme y recogerla a riesgo de regar en el suelo lo que he comprado, así que no lo hago. Es una moneda.

Jesús pregunta: "¿Qué mujer que tiene diez monedas de plata, si pierde una de ellas, no enciende una lámpara, barre la casa y busca con cuidado hasta que la encuentra? Y cuando la encuentra, reúne a sus amigos y vecinos y les dice: 'Regocíjense conmigo, porque he encontrado la moneda que había perdido'". Bueno, nunca he conocido a nadie que haga una fiesta para celebrar la búsqueda de una moneda. ¿Quién celebraría? La mayoría de la gente, no.

Parece un poco vergonzoso tener una fiesta porque encontraste una moneda; es como si no tuvieras nada más que hacer. Podría ser prácticamente irresponsable. Como van las cosas, en medio del cambio climático, la desintegración de la democracia, la escalada de posturas violentas y amenazas de guerra, una moneda perdida es ínfimo e insignificante.

Este capítulo de Lucas comienza con los fariseos y los escribas murmurando con desaprobación porque dicen que Jesús "recibe a los pecadores y come con ellos". Jesús cuenta tres historias seguidas, una tras otra, sobre algo aparentemente poco digno de ser perdido, encontrado, y celebrado con gran regocijo.

Las dos primeras historias en realidad son un poco absurdas. No van en línea con el sentido común. ¿Quién, si tuviera cien ovejas y perdiera una, dejaría a las 99 en el desierto para buscar la extraviada? La respuesta es que casi nadie. Ni siquiera la gente semirresponsable dejaría 99 ovejas en el desierto para ir tras la que se perdió. Al menos, asegurarían esas 99 en el redil antes de irse a buscar la otra.

Si tuvieran diez monedas y perdieran una, ¿gastarían toda su energía en barrer y buscar como locos la que se perdió? La mayoría de las personas con vidas activas y plenas no lo harían. Ya tienen el 100%. Tan solo habrían perdido el 10%. Tal vez quisieran asegurar lo que no han perdido, manteniendo a salvo las nueve o el 90% restante, ¿cierto? O pondrían más atención con el fin de reducir las pérdidas y seguir adelante. Una no se agacha, arriesgándose a que las compras se desparramen por el suelo, ni llega tarde al concierto de su hija por recoger un centavo.

Si estás en campaña política y cuentas con el 99% del electorado, eso sí que es motivo de celebración. Lo están logrando plenamente. Sería una locura cambiar la plataforma para perseguir a alguien perdido.

La mayoría es la que manda. Tiene sentido. Es importante para la democracia. Es inteligente. Pero perseguir por allá en el monte a un cordero mientras 99 están balando hambrientas o poner la casa patas arriba por tan solo una moneda no parecen buenas manera de administrar un gobierno, una institución, o una familia.

Jesús es chistoso, o actúa como si lo fuera. ¿Quién no? ¿Quién no actuaría de manera completamente opuesta al sentido común o incluso a la responsabilidad social? Jesús habla como si, por supuesto, estas historias tuvieran sentido. La verdad es que no. Son historias que tienen muy poco sentido evolutivo o social, matemático o económico, o incluso moral.

En medio de los sistemas y la sabiduría que gobiernan el mundo, estas historias son como pequeñas sacudidas con las que el caos nos sorprende. No le hacen eco, en absoluto, a la manera obvia en la que se esperaría que las cosas fueran, tal como Jesús las presenta. ¿Qué es lo que se propone?

¿Cómo sería poner en funcionamiento esta persecución obstinada, incansable e interminable del "uno" insignificante? Quizás no seamos capaces de ponerlo en funcionamiento. Tal vez, *funcionamiento* es un término demasiado mecánico. ¿Cómo operaría el mundo? Quizás *operación* es también un término demasiado mecanicista: resultados

netos, negocios, sistemas; esas palabras no parecen enca-
jar tan bien con lo que Jesús está diciendo. Resultados, be-
neficio, operaciones eficientes no son el vocabulario adecuado. De lo que Jesús está hablando es del amor de Dios.
¿De veras? No. No puedo entenderlo.

La moneda perdida es una metáfora interesante que
Jesús pudo haber elegido adrede. Es posible que ustedes
puedan simpatizar con calidez, tristeza y preocupación
con un cordero perdido. Ese animalito es todo tierno con
su piel lanuda y un cuerpo cálido, y se lo pueden imaginar
en el bosque balando tristemente, completamente solo.
Una oveja perdida puede parecer dulce, necesitada y
vulnerable. Entonces, tal vez lleguen a entender al pastor
que anda buscándola.

Pero una moneda perdida no se aflige. No emite
sonidos tristes, perdidos o hambrientos. Ella no sabe que
está perdida. No ha sido rechazada por las otras nueve
monedas. Es dura y fría y no se "siente" mal. Sin embargo, la
mujer da vuelta la casa para encontrarla. ¿Para qué? ¿Cuál
es su plan? ¿Qué provecho puede sacar de esa iniciativa?
La mujer con la escoba no parece estar dirigiendo una
operación eficiente.

Jesús dice que, a menos que una se vuelva como una
niña, como un niño, no podrá ver el reino. "Como una
niña". ¿Es eso la felicidad de encontrar un centavo? Cuando
Jesús afirma esto no creo que esté siendo sentimental o
meloso. No es como "oh, qué dulce, las niñas y los niños

se complacen tan fácilmente; los ingenuos disfrutan tanto de las pequeñas cosas". Creo que Jesús lo dice en serio, aunque no estoy segura de qué es lo que se propone. ¿Cómo es el Reino de Dios? ¿Cómo es el amor de Dios? ¿No exactamente utilitario? ¿Improductivo? ¿Cómo funciona? ¿Estoy haciendo las preguntas equivocadas?

Los hombres de la antigüedad oraban regularmente: "Bendito sea Dios que no me hizo mujer". Algún líder religioso escribió: "Aquel cuyo negocio es con una mujer tiene un carácter deficiente". La Mishná le prohíbe a un hombre enseñarle a su hijo el oficio que es propio de la mujer. Barrer la casa y encender la lámpara no eran tareas respetables. Era asunto de mujeres, oficios poco glamorosos. "Potente" y "poderoso" no eran los calificativos más apropiados para esos trabajos.

¿Y si Dios es como una mujer con una escoba que barre en busca de una moneda? Suena como algo impactante (o al menos interesante) para publicar. Dios ya no se asemeja a un patriarca con un trabajo valioso, ni a un guerrero, ni a un prominente rabino que hace teología importante, sino a una anciana judía con una escoba, en busca de un trocito de metal pequeñito, frío, duro. ¿Qué pasaría con un dios así? Bueno, pienso que no se parecería a un Dios que gane muchas batallas. La pérdida de uno, de tan solo uno, a Dios le rompe el corazón. Con esa actitud, no sé si puedan ganar, en el sentido normal de la palabra "ganar".

La Biblia está llena de historias en las que Dios busca

desesperada y apasionadamente lo que se pierde. No creo que el entrenador de vida, el *life coach* (como lo llaman ahora) que tengan hoy lo considere saludable. No es parte del capítulo de la práctica del desapego, de "soltar", de "dejar ir". ¿Y si Dios busca sin cesar a los perdidos, y más bien suelta, deja ir, el resto de las tareas? ¿Qué pasa con un Dios que sigue perdiendo cosas? ¿Qué tan desordenada es la casa de esta mujer, que no puede llevar un registro de sus monedas? No diría que lleva una buena organización.

¿Qué pasa con un Dios que pierde monedas y ovejas, cuya casa es un desastre, y que, cuando logra grandes cosas, es tan sutil u oculto que apenas puedes detectarlo? ¿Qué pasa con un Dios que encuentra lo perdido, lo pequeño, lo insignificante, y para quien cada uno es extremadamente valioso a sus ojos? ¡Qué logro tan pequeño, qué alegría tan grande para esta mujer! Ella abre un frasco y ya está invitando a todo el mundo a una fiesta. ¿Podemos siquiera vernos en esa escena? Parece una mujer extraña. La gente a su alrededor no está tan entusiasmada con el hecho de que haya encontrado la moneda, pero ella sí lo está. ¡Qué loco, asombroso, hermoso y tonto es el amor de Dios! Desmesuradamente, desesperadamente amoroso. Si aplicáramos el patrón del mundo, tal vez concluiríamos que Dios está chiflado, o que al menos es poco práctico. Definitivamente, no es un empresario astuto.

Recuerdo cuando el profesor de cálculo de mi hija envió a casa un plan de estudios y reglamentos para la clase, que los padres debían leer y firmar. El docente había escrito en letras enormes "Organización = éxito". Casi tuve una crisis existencial: "¿Será que puedo firmarlo, decir que estoy de acuerdo? ¿Organización de qué? ¿Éxito en qué? Si mi hija mantiene sus papeles en orden y hace todas sus tareas, ¿va a tener éxito? ¿En qué? ¿En ver que la organización, la institución o la estructura funcionan sin sobresaltos? ¿Y eso es acaso hermoso? ¿Da vida?".

¿Están bien organizados la vida, el amor, la esperanza? Dios parece tener la necesidad de encontrar a los perdidos, de llevar lo que es frío, duro y pequeño a su regazo, amarlo y hacer que todos los demás vengan y también lo amen. ¿Cómo puede eso cambiar el mundo? Tal vez poco a poco, como a un nivel molecular, como un amor lento y minucioso y paciente y completo y tierno, como algo que no tiene fin. ¿Y si no hay resultado final (como ganancias, pureza o éxito), sino solo una especie de alcance infinito de los perdidos y los más pequeños?

El capítulo 15 de Lucas comienza con los fariseos acusando a Jesús de recibir a pecadores. Luego, Jesús agrava la ofensa alrededor de un millón de veces al contar estos cuentos. Dios no solo recibe a los pecadores: los busca desesperadamente. No solo es que Dios no conserve las cosas puras, es que Dios busca lo impuro. Está sacudiendo las alfombras para encontrarnos, como si no quisiera nada más que al pecador.

Parece que Dios es drásticamente diferente de las

163

cosas e ideas que hemos convertido en dioses; parece que Dios constituye un orden completamente diferente (si se le puede llamar así); parece que Dios está impulsado por algo diferente a las ganancias o los sistemas o lo que consideraríamos resultados exitosos. Dios está impulsado por el amor. Hay una forma en que el amor y la misericordia parecen ir en contra de las suposiciones más sagradas del mundo sobre lo que es bueno (pureza, crecimiento, éxito, grandeza, importancia, logro, lo que sea). Es como si lo que le importara a Dios fuera tan diferente a nuestra noción de lo que importa, que toda nuestra conciencia tuviera que ser reestructurada o debiera desestructurarse, explotar, o transformarse lenta y totalmente con el tiempo para ver de forma plena el amor de Dios, el amor que nos sostiene por completo, incluso si no siempre lo vemos.

Pero sea que lo veamos o no, o que lo entendamos o no, Dios nos asegura: "Confíen en mí. Pueden regocijarse. Tal vez no les parezca que haya motivo de celebración. Sé que todo se ve desordenado, pero los estoy reuniendo a todos y a todas aquí, en mi regazo (no exactamente bien planchaditos y perfumados, pero aquí están, y respiran). Vengan, entonces, a la mesa y regocíjense conmigo. Sientan un poco de amor y misericordia".

Tal vez no valga la pena luchar por el éxito, la piedad y la pureza. La gracia de Dios nos sostiene para que nos amemos unos a otros. No tienes que haber resuelto todo. Simplemente lo comes o lo respiras. Y vives.

13

IRA DE MUJER: LA VIUDA INSISTENTE DE LUCAS

Entonces, Jesús les contó una parábola sobre la necesidad de orar siempre y no desfallecer. Les dijo: "En cierta ciudad había un juez que ni temía a Dios ni tenía respeto por la gente. En esa ciudad había una viuda que insistía en acudir a él diciendo: "Hazme justicia contra mi adversario". Por un tiempo, el juez se negó; pero luego se dijo a sí mismo: "No temo a Dios ni respeto a nadie, sin embargo, porque esta viuda me sigue molestando, le haré justicia, para que no me agote viniendo continuamente". Y el Señor dijo: "Escuchen lo que dice el juez injusto. ¿No les hace Dios justicia a sus escogidos que claman a él día y noche? ¿Se tardará en ayudarles? Les digo que pronto les hará justicia. Y sin embargo, cuando el Hijo del Hombre venga, ¿encontrará fe en la tierra?".

Lucas 18: 1-8

A veces no sé si Jesús realmente es tan bueno para contar historias, como dicen, o si es que de manera magistral lleva a sus oyentes a alguna revelación sorprendente. Es tan parco en sus historias. Yo no diría que los personajes de esta historia, por ejemplo, son presentados de manera satisfactoria. Jesús describe el escenario con tan solo "en cierta ciudad". Digamos que no es exactamente un Jorge Luis Borges.

Leí esta historia hace poco con las mujeres de la clase de catecismo en *House of Mercy*, cuatro jóvenes brillantes. Les pedí que escribieran todas las preguntas que pudieran tener sobre el pasaje. Pensé que tal vez les interesarían algunos detalles más sobre el escenario, pero, ante todo, preguntaron por los personajes. ¿Qué llevó al juez a no respetar a nadie? ¿Por qué era así? Sin embargo, la mayoría de las preguntas que hicieron fueron sobre la viuda. ¿Cómo se sintió cuando todo esto ocurrió? ¿Fue agradable? ¿Qué edad tenía? ¿Cuál era su nombre? ¿Cómo era? ¿De qué murió su esposo? ¿Quién era su oponente?

Creo que las chicas seguían una pista. Si los personajes no son imprescindibles, ¿por qué en lugar de contar una historia no hacer una declaración?

Lucas dice: "Jesús les contó una parábola sobre la necesidad de orar siempre y no desfallecer". El tema me gusta. Yo tiendo a desanimarme con frecuencia, tal vez hasta veinte veces al día, en algunas temporadas. Algunos días tengo más esperanzas, pero, sinceramente, no creo que las cosas se vean bien. Al menos no en este país. Ni en este planeta. En los últimos años, el nivel de dióxido de carbono se ha encaramado permanentemente más allá de las 400 partes por millón. La ciencia ya había advertido que es absolutamente necesario que se mantenga por debajo de las 350 para mitigar la mayor parte de los efectos catastróficos del cambio climático. A estas alturas, ya no hay vuelta atrás. Algunos de nosotros quizás ya hayamos muerto antes de que suceda lo peor, pero ¿mis hijos van a querer siquiera considerar tener hijos? Es cierto que puedo estar siendo dramática, pero me imagino un futuro parecido a *Mad Max*, la película. Con la sequía extrema y el humo que hemos tenido en Minnesota este verano por los incendios forestales, ese futuro no parece tan lejano. Aun así, mucha gente con poder y dinero no parece tomarse en serio la necesidad de mantener los combustibles fósiles enterrados en el subsuelo, ni de cambiar el sistema de alguna manera significativa.

Mientras tanto, la policía les dispara a hombres, mujeres y niños afrodescendientes como si sus vidas no importaran. La misoginia es intratable. Mis compatriotas estadounidenses parecen haber perdido la capacidad del discurso civil. Realmente estamos tocando fondo o, tal vez, la verdad más fea sobre quiénes somos está saliendo a la superficie.

Por supuesto que hay momentos de gran amor; hay pájaros, hojas y libros. Todos en mi familia tienen comida, refugio y atención médica. Pero no creo que sea descabellado mirar alrededor y que nos sintamos desanimados. Nos vendría bien una historia que pudiera ayudarnos a no desfallecer.

Me pregunto, sin embargo: si Jesús quería contar una historia para darle esperanza a la gente, ¿por qué se puso a hablar de un hombre terrible que no se preocupa por nada ni por nadie, y que finalmente decide hacer algo por alguien, no por amor o por un sentido de justicia, sino porque ya está harto de esa persona que tanto lo molesta?

Jesús dice: "Escuchen lo que dice este tipo". ¿En serio? ¿No concederá Dios justicia a sus elegidos que le claman día y noche? Las imágenes de esta historia no parecen ser de mucha ayuda. La historia parece implicar que debes molestar a Dios para que actúe por el bien del mundo. Como si Dios estuviera ocupado, tal vez en otros planetas o con otros universos, o con especies más iluminadas, y que por eso necesitamos llamar su atención empujándolo día y noche para que haga algo bueno o justo. Es como si estuviéramos tratando con una compañía de seguros.

Yo solo quiero que me amen. Solo quiero que Dios nos ayude.

"¿Se tardará Dios en hacerles justicia a sus escogidos?", pregunta Jesús. Creo que la respuesta a esa pregunta es sí. Obviamente, sí, Dios debe estar demorándose en traer la justicia. Miren alrededor. La lista de afrodescendientes, morenos e indígenas abatidos por los disparos de la policía se sigue alargando. Con frecuencia, no se les cree a las mujeres que denuncian agresiones sexuales. Leí que solo tres de cada cien violadores pasan solo un solo día en prisión y, sin embargo, una mujer en El Salvador puede ser condenada a cincuenta años si se sospecha que intenta interrumpir un embarazo. No importa si fue violada. Los varones siempre serán varones, sigue diciendo el populacho.

Si es que Dios va a otorgar justicia rápidamente a sus elegidos, van a tener que preguntarse quiénes son esos elegidos. ¿Sólo los hombres blancos ricos? No puede ser. Jesús dice: "Escuchen lo que dice el juez injusto". ¿Por qué? Yo, al menos, no quiero escuchar a ese hombre. Me encanta que nuestras mujeres jóvenes e inteligentes de la clase de catecismo se hayan centrado en la mujer de esta historia. Fue en la viuda en la que estuvieron interesadas.

Las personas que escribieron, preservaron y mantuvieron el control de la interpretación de las historias en la Biblia fueron (hasta hace muy poco) casi siempre hombres (aunque me gusta imaginar que hubo mujeres detrás de la escena, plantando semillas subversivas). Los cristianos suelen decir algo como "sí, era un patriarcado, y si miras bien, verás toda la atención que reciben las mujeres en el Nuevo Testamento: Jesús era feminista". Bueno, eso espero; de todos modos, no tengo ninguna duda de que, si hay un Dios, no es el hombre que algunos varones hicieron que fuera, con prejuicios de género, homofóbico, egomaníaco y un poco abusivo.

169

Pero hay muchas capas que todavía tenemos que atravesar, despegar, o de alguna manera desgarrar con el fin de levantar a las mujeres. Hay una especie de fuerza definida alrededor que mantiene a las mujeres oprimidas, incluso cuando dice que las respeta. No es que solo se trate de Agustín, Santo Tomás de Aquino, Lutero, Calvino, Pablo o los papas; es toda la historia del cristianismo, del judaísmo, del islam, del budismo, del rastafarianismo, etc., etc., etc. En el Talmud, el rabino Eliezer enseña que las palabras de la Torá deben arder antes de enseñárselas a las mujeres. Otro rabino se pregunta cómo las mujeres, siendo sangre y heces, aun son deseadas sexualmente por todos los hombres. Una puede percibir una analogía entre las mujeres y la carne salada en la carnicería. Martín Lutero dijo: "La palabra de Dios es clara, las mujeres fueron hechas para ser esposas o prostitutas". Y si necesitamos que se nos recuerde que la misoginia no es solo una cosa del pasado, echémosle un vistazo a movimientos recientes como *Manosphere*, *Proud Boys*, *Incels*, la extrema derecha y los activistas por los derechos de los hombres.

Amy Jill Levine, profesora de estudios del Nuevo Testamento en Vanderbilt, piensa que Lucas no entendió la parábola de Jesús en este pasaje. Por supuesto, las parábolas fueron notoriamente "difíciles de capturar". Ese no era el punto. Las parábolas buscaban perturbar antes que instruir directamente. Pero Levine, que llega al texto desde una perspectiva judía, piensa que Lucas realmente la echó a perder. Las parábolas desafían los estereotipos, no los refuerzan, pero Lucas plantea esta historia de una manera que hace de la viuda un cliché.

En la mentalidad de los hombres que preservaron nuestra tradición (Lucas, papas, intérpretes del idioma original, pastores, etc.), la viuda es un tropo para los que no tienen el poder. La viuda representa a alguien a quien hay que cuidar. Lucas convierte la historia de Jesús en el capítulo 18 en un relato sobre una mujer que está indefensa sin un hombre, una mujer impotente que persiste en su súplica.

Es cierto que las leyes de Israel requerían un cuidado especial para las viudas, pero eso no nos dice más sobre ellas, así como la ley destinada a hacer cumplir los límites de velocidad no nos informa nada acerca de aquellos a los que les gusta la velocidad. Hay todo tipo de amantes de la velocidad: afanados, felices, locos, divertidos, viejos, jóvenes, gordos, flacos. Pintar a la viuda como caricatura de persona impotente es una costumbre de vieja data que le niega el poder.

Esta no es una parábola sobre una dulce anciana que nunca falta a la iglesia, que en silencio mantiene la fe y reza todos los días. Ese tipo de lectura le extinguiría a la parábola su potencialidad para doblegar la vida, para desgarrar el mundo. Elegir a una viuda para el papel principal del drama de la búsqueda de justicia podría ser, en realidad, un ardid provocador por parte de Jesús. Deberían ver algunas de las viudas en las Escrituras. Ellas conforman un grupo supremamente salvaje.

Tamar es la primera viuda que conocemos en la Biblia. Probablemente, todavía era adolescente cuando murió su esposo. El padre de su difunto marido es Judá –como la tribu de Judá–, hijo de Jacob, un importante patriarca. Después de la muerte del primer hijo, Judá se la da a su segundo hijo, que también muere. Quienes leen el relato saben que Dios les quita la vida a esos hijos porque son "inicuos a los ojos del Señor", pero Judá piensa que Tamar es de alguna manera una mujer letal (todos sus hijos mueren cuando se casan con ella). Aun así, aunque legalmente su siguiente hijo debe casarse con ella, Judá la deja en casa del padre de Tamar, donde se supone que ella debe permanecer casta bajo pena de muerte; soltera y célibe hasta que el hijo menor de Judá tenga la edad suficiente para casarse con ella.

A poco andar es claro para Tamar que Judá nunca le va a dar su último hijo como esposo, por lo que engaña a su suegro para que tenga relaciones sexuales con ella. Tamar se disfraza y se sienta en un lugar donde sabe que él pasará de camino a casa de regreso de un festival de esquila de ovejas, donde, conjetura ella, él se va a emborrachar y va a buscar sexo. Y acierta. Él se le propone (sin saber quién es). Ella queda embarazada. La gente la acusa de ser una adúltera abominable. Quieren quemarla, pero Tamar les muestra el anillo y el bastón de Judá (que previamente había conseguido que él le diera en el calor del momento). La mujer saca esos objetos y dice: "Miren bien, por favor, de quién son".

Tamar es reivindicada. Está libre para vivir una vida normal. Sin dudas, todo el asunto es un desastre y una historia enrevesada, pero ella recibe justicia. No está indefensa. Da a luz a unos gemelos. El rey David y, finalmente, Jesús, descienden de ella, según cuenta la historia. Los hombres, al final de cuentas, no son los que la cuidan. Ella se cuida sola. Obtiene justicia por su cuenta, no poniéndose de rodillas ni suplicando, sino por vías un poco menos ortodoxas. No hay nada pasivo en su búsqueda. Ella rompe todo tipo de reglas. Es subversiva. Es creativa. No se comporta correctamente. Y triunfa en su búsqueda de justicia.

Noemí y Rut son viudas. ¿Son ancianas indefensas e ineficaces? No, en absoluto. Como se señaló en el sermón anterior sobre Rut, algunos eruditos dicen que su historia es, en realidad, la versión hebraizada del mito griego de las diosas de la agricultura y la fertilidad, Deméter y Perséfone (diosas que presiden el ciclo de la vida y de la muerte). Homero llama a Perséfone "la venerable y majestuosa princesa del inframundo".

Abigail, alabada por su increíble belleza e inteligencia, enviuda después de llevar a su marido borracho a la muerte para poder casarse con el rey David.

Judit. ¡Qué historia! El Libro de Judit no está en las

Escrituras protestantes o judías, pero es parte del canon católico. Judit es una viuda adinerada que accede a verse con un general enemigo del ejército asirio, Holofernes. Él planea seducirla, pero ella le da la vuelta a los tornillos. Espera hasta que él esté borracho y dormido, y luego lo mata, cortándole la cabeza mientras yace en un estupor ebrio. Ella toma la cabeza y la cuelga en las murallas exteriores de la ciudad. Cuando las tropas enemigas se dan cuenta de que han perdido a su líder, entran en pánico y son fácilmente derrotadas por los israelitas. Judit, la viuda, usa su poder sobre un hombre para salvar a su pueblo; le corta la cabeza por el bien común.

174

Así que, independientemente de lo que sugieren los proveedores de tradiciones en lo tocante a las viudas indefensas, las historias en el texto no apoyan esa interpretación. Me pregunto si la idea de la viuda débil se transmite de generación en generación porque los hombres a cargo deben desempoderarla de alguna manera porque le tienen miedo. Tal vez, temen que cuando ustedes escuchen "viuda", no piensen "indefensa". ¿Ellas necesitan protección? ¿O son los hombres los que necesitan protección contra ellas?

La mayoría de las traducciones de esta parábola ponen a la viuda a buscar "justicia", pero, en realidad, el griego detrás del español es "venganza". Es la misma palabra que se usa para la venganza que Dios obra contra los esclavistas egipcios en el éxodo. La mayoría de las traducciones ponen al juez a decir que la viuda lo está agotando con su insistencia. Ella lo tiene al borde del desespero. Sin embargo, la palabra griega para lo que hace la viuda, en realidad es un término relacionado con el boxeo: al juez le preocupa que la viuda le deje un ojo morado, que lo "golpee en la cara". Tal vez tenga miedo de que ella le corte la cabeza y la cuelgue en la puerta para vindicar a su pueblo.

Esta viuda no es una mujer de rodillas que suplica silenciosamente la ayuda de un hombre; ella es una mujer con el puño levantado. La clase de catecismo tenía razón al preguntar por ella. La viuda es más como una de las fundadoras de *Black Lives Matter* que una señora pequeña y agradable de la iglesia que prepara té y bizcochos para el desayuno de oración. La tradición suele querer a las mujeres agradables, no a las indignadas. Tal vez sea eso lo que se interpone en el camino de lo que, de otra manera, podríamos ver.

Quizás, la esperanza en este pasaje –en su versión no domesticada– es que el juez que dice no temer a Dios ni respetar a las personas, El Hombre (no Dios), finalmente actúa porque la ira de la viuda no deja de amenazarlo: no se sentará ni se callará hasta que vea algo de justicia.

El Reverendo Dr. William J. Barber, líder de la campaña *Poor People's Campaign: A National Call for Moral Revival*, dijo que aunque no tolera la violencia como pastor y organizador, condenar los recientes levantamientos en pro de la justicia racial y económica sería condenar a una persona por lanzar golpes cuando alguien está tratando de ahogarla.

Quizás la buena noticia no sea una cosa en particular, siempre la misma. No es que el evangelio no sea tanto para quienes se están ahogando como para quienes respiran sin problemas; sino que puede verse, sentirse y sonar diferente, dependiendo de si estás o no bajo el agua.

En *Greenleaf*, la historia de Flannery O'Connor, la señora May, una mujer privilegiada, justa y racista, se asoma por primera vez a la gracia de Dios cuando es corneada por un toro. Esa es la misericordia en la historia. No muy "bonita".

Me pongo a revisar Facebook (para evitar escribir el sermón). Veo un video del Dalai Lama y Desmund Tutu en el que hablan sobre perdonar y dejar ir la ira. Luego,en CNN veo un video de mujeres que levantan la mano para decir que perdonan a Donald Trump por sus comentarios sobre las mujeres. Una de ellas dice: "Los varones siempre serán varones". Después, veo fotos de mujeres que han sido agredidas sexualmente, protestando afuera de la Trump Tower en una manifestación colorida y desenfrenada. Y no sé si debería sentir esto, pero estas mujeres, las indignadas, me resultan más alentadoras.

Quizás Lucas se equivocó. La parábola no se trata de la necesidad de orar siempre y no desmayar. Tal vez se trate de lo que se necesita para arrancarle justicia al hombre. O tal vez "orar siempre" es como tener algo que nos mueve, frente a nosotros constantemente, como levantarnos del sofá, cerrar una tubería, amenazar al sistema, dejar de comprar. Vendan sus automóviles. Usen la bicicleta. Cultiven su propia comida. Háganse arrestar. Amenacen al sistema injusto de cualquier manera posible.

Tal vez haya espacio para una oración tranquila, centrada y un despertar interior. También para una oración como resistencia fuerte y testaruda a los sistemas de opresión; una oración que no junta tanto las manos y, en cambio, levanta más un puño. Que la misericordia los guíe en sus oraciones.

14

LA PROFETA MARÍA

Seis días antes de la Pascua, Jesús vino a Betania, a la casa de Lázaro, a quien había resucitado de entre los muertos. Allí le ofrecieron una cena. Marta servía y Lázaro era uno de los que estaban sentados a la mesa con él. María tomó una libra de perfume costoso hecho de nardo puro, ungió los pies de Jesús y los secó con sus cabellos. La casa se llenó con la fragancia del perfume. Pero Judas Iscariote, uno de sus discípulos (el que estaba a punto de traicionarlo), dijo: "¿Por qué este perfume no se vendió por 300 denarios para que el dinero fuese repartido entre los pobres?" (dijo esto no porque le importaran los pobres, sino porque era un ladrón; él guardaba la bolsa común y solía robar de lo que se depositaba). Jesús dijo: "Déjala en paz. Ella lo compró para poder guardarlo para el día de mi entierro. A los pobres,

*siempre los van a tener con ustedes, pero a mí no
siempre me tendrán".*

Juan 12: 1-8

La mayoría de las mujeres en la Biblia no son recatadas, tranquilas ni obedientes. No se parecen mucho a la mujer virtuosa de Proverbios 31 que no come su pan de ociosidad y se levanta de noche y da de comer a su casa. No muchas de nosotras lo somos. Si yo me levantara de noche, me pondría más bien a buscar la luna o iría por una copa de vino. Incluso podría comer mi pan de ociosidad. Sería poco probable que me pusiera a hacer un asado en el horno. De hecho (tal como me lo hace ver Johanna Bos, una erudita del Antiguo Testamento), "virtuosa" no es ni siquiera una buena traducción. "Una mujer de sustancia" o "mujeres poderosas" serían traducciones mucho mejores para hablar de "la mujer de carácter noble que no come su pan de balde" de Proverbios.

Las mujeres en la Biblia tampoco son como los santos medievales: mujeres que (según los hombres que escribieron sobre ellas) no estaban interesadas en la comida, el sexo o el placer de ningún tipo. Las mujeres santas eran elogiadas por tan "asombrosas hazañas sagradas", como no comer durante tres años ni excretar nada por sus poros. Nunca sudaban, no emitían suciedades ni caspa caía de sus cabellos, y solo de vez en cuando soltaban saliva por la boca o lágrimas por los ojos.

Santa Ida de Lovaina, según dicen las historias, solo comía pan mohoso: no quería que nada que pasara por sus labios tuviera un sabor agradable. Una vez estuvo once días comiendo solo las florecitas del tilo. La mujer del relato de Juan 12 suena más como alguien que podría comerse todo el tilo, dado que parece, según luce allí, una mujer de excesos. Ella es descaradamente sensual.

Las mujeres en la Biblia generalmente no son muy santas, especialmente en la Escritura hebrea, donde suelen recibir más que una simple mención. No son simplemente una cosa u otra. Son, más bien, de todo tipo: inteligentes, engañosas, atrevidas, sexualmente llamativas o no. Son interesantes. Sí. Definitivamente. Agar da a luz a toda una nación, a toda una fe completamente diferente, como se vio al final, al tener relaciones sexuales con el marido de otra mujer, con el padre del monoteísmo. Llamar a eso una historia procaz sería inadecuado. La historia socava el relato patriarcal de manera significativa. Sara es malgeniada, menopáusica y no está para recatos de ninguna clase. Supongo que si se levanta de noche, no es para darles carne a los de su casa. Ester salva a su pueblo, no siendo pura, santa ni virginal. Todo lo contrario.

Todo esto fue motivo de gran vergüenza para los padres de la iglesia. Esas viejas historias de personas humanas que tenían relaciones sexuales, hijos y emociones

181

indecorosas. Los padres de la iglesia creían en el ayuno, el celibato y el decoro. Discutían mucho sobre cómo entender estas historias, cómo limpiarlas y hacerlas edificantes.

Pero muy difícilmente pueda haber un ángulo desde el cual la historia de esta mujer del Nuevo Testamento pueda interpretarse como un comportamiento adecuado. María tomó una libra de aceite perfumado (una cantidad absurda, en realidad, como una botella grande de aceite de oliva, 16 onzas de un aceite esencial perfumado) y lo usó todo de una vez. No es exactamente lo que una persona educada haría. Es demasiado. Es mucho. El olor sería abrumador. María vierte esa enorme cantidad de aceite sobre los pies de Jesús. Y luego se pone de rodillas y le limpia los pies, tal vez un poco hasta el tobillo, con su cabello. En verdad, nada de esto encaja en la categoría de sumisión.

No es sorprendente que Judas se oponga. Todos allí probablemente estaban murmurando. Es cierto que la gente solía lavarse los pies al entrar en una casa, pero una mujer que limpia los pies de un hombre con su cabello con una libra de perfume en público era tan extraño entonces como lo sería ahora. Las mujeres generalmente ni siquiera dejaban sus cabellos sueltos en público, y mucho menos los frotaban contra los pies de un hombre. Aquí, María está violando algunas normas sociales permanentes.

Cuando una mujer u otra persona marginada hace una declaración audaz, o actúa de una manera que incomoda a otros, a menudo está exponiendo una verdad, porque eso de estar todos juntos y cómodos no siempre va de la mano con la verdad desnuda. María no se está comportando como se espera de una dama. Sus acciones se parecen más a un arte escénico semiofensivo que a una modesta sumisión a la autoridad masculina.

Todos los escritores de los evangelios incluyen una variante de esta historia: diferentes lugares, diferentes épocas, diferentes mujeres. En Lucas, la mujer que unge los pies de Jesús con el perfume excesivo se identifica como una pecadora. En todos los casos, el acto despertó la indignación en las personas que lo presenciaron. Judas dice: "¿Por qué este perfume no fue vendido por buen dinero y dado a los pobres?". Esta línea de cuestionamiento, dadas las circunstancias, me parece prudente. Prácticamente cualquiera esperaría que algún patriarca puritano, rojo de indignación, la enfrentara y exigiera la hoguera para ella.

Lo que le sucede a esta mujer en la tradición cristiana dominante a lo largo del tiempo no es que sea llevada a la hoguera, aunque sí es bastante malo: se la condena a una especie de violencia insidiosa.

En 591, el Papa Gregorio Magno pronunció un influyente sermón en el que combinó las versiones de esta historia de los cuatros evangelios. Él dijo que todas eran María Magdalena y afirmó que era una exprostituta. Aunque el texto en Lucas dice que era pecadora, como mujer que lee ese relato tengo muy en claro que hay 8000 maneras en las que puedo ser pecadora, la mayoría de las cuales no tienen nada que ver con la prostitución. Pero Gregorio Magno estaba bastante seguro (cito) de que esta mujer había "anteriormente usado el aceite para perfumar su carne en actos prohibidos [...] pero ahora que ponía su boca en los pies del Redentor, por cada deleite que ella había gozado en sí misma, ahora se inmolaba". Me suena como una especie de fantasía masculina perversa. Con esa suposición de Gregorio Magno, la identidad de esta mujer quedó grabada en piedra durante casi 1400 años.

Desde entonces, los eruditos han revisado esta combinación de María (llamada "María Compuesta"), reconociendo que el Papa Gregorio Magno no fue un gran exégeta. No hay ninguna indicación en el texto de que la mujer del perfume fuera una prostituta, pero la idea de que la María Compuesta era una pecadora sexual nunca dejó de capturar la imaginación masculina.

En la película *La última tentación de Cristo*, Martin Scorsese combina esa historia con las de otras mujeres en los evangelios: la mujer en el pozo que tiene muchos maridos y la mujer sorprendida en adulterio. Scorsese inventa una escena en la que Barbara Hershey, en el papel de María, desnuda y cubierta de tatuajes, tiene relaciones sexuales con una serie de hombres mientras otros, incluido Jesús, observan. Tal vez, Scorsese solo le estaba dando cuerpo a la fantasía del Papa Gregorio Magno, pero... ¡ay Dios!

Scorsese tomó a estas mujeres, que sorprendentemente (durante la Palestina del siglo I) jugaron papeles importantes en las Escrituras, como las de ser las primeras testigos de la resurrección, y redujo sus historias a una especie de pornografía.

No hace falta ser una teórica de la conspiración para imaginar que los elementos patriarcales más acorazados en la iglesia comenzaron a referirse a María Magdalena como una prostituta a fin de socavar la capacidad de las mujeres para apelar a ella como ejemplo de liderazgo femenino. En la literatura apócrifa, María Magdalena es conocida como la Apóstola de los Apóstoles. En el relato dominante, ella es una tentadora sexualizada.

Es posible que ustedes hayan visto la historia sobre los murales coptos recientemente restaurados en las criptas de Roma que representan a las mujeres de maneras que podrían sugerir que ejercían el liderazgo en el cristianismo primitivo. El Vaticano insiste en que no, que de ninguna manera, que no podría ser, que es imposible. Yo me imagino que tan pronto una le apuesta a un gran metarrelato, ya hay que hacer lo imposible para mantenerlo.

La Biblia no menciona lo que María en esta historia (o cualquiera de las otras) parece haber sido y hecho. No menciona la edad, ni la forma de su cuerpo, no se nos dice si ella era robusta o de 1.60, si su cabello era gris, áspero, sedoso o marrón. Ni una palabra. Pudo haber sido vieja. Pudo haber tenido los dientes torcidos, marrones, le pudieron haber faltado algunos, pudo haber tenido la piel arrugada, los ojos cubiertos de cataratas, pudo no haber sido una mujer "sensual", "suelta", con aceite perfumado inclinada ante un hombre. ¿Quién sabe cuál pudo haber sido su apariencia? ¿A quién le importa?

Ella se comporta como una profeta. Los y las profetas hacen cosas extrañas. Ese es uno de sus sellos. La palabra de Dios llega a Jeremías y él la "habla", envolviendo un cinturón alrededor de su cadera y su entrepierna. Luego lo arranca y lo mete en la hendidura de una roca donde se pudre (así Dios arruinará el orgullo de Judá).

Ezequiel se come un pergamino como señal de que lleva la palabra de Dios dentro de él. Isaías camina desnudo y descalzo. Aunque las historias de estos profetas involucran caderas, entrepiernas, bocas y desnudeces, no se objetivan. No creo que mucha gente los haya imaginado como *sex symbols*. Los profetas hacen cosas perturbadoras para romper el relato dominante a fin de que la gente vea una verdad completamente diferente, algo de lo que no se habían percatado. Ellos buscan alterar el estado actual de las cosas, la religión establecida, el rugido del imperio.

María vio lo que otros no pudieron. Los discípulos varones están todos reunidos alrededor de una comida. Jesús acaba de resucitar a Lázaro de entre los muertos. Tal vez había un aire de gloria y triunfo: bebidas, risas, bravuconadas. Los discípulos varones siempre habían esperado que Jesús se levantara y derrotara a los romanos de la manera que ese tipo de cosas siempre se hacían: por el poderío, la fuerza, el control y el poder; la manera en la que actúan los tipos duros. No parece que ellos estuvieran realmente interesados en la vulnerabilidad. Siempre discutían sobre quién era el más grande.

Pedro hubiera ungido la cabeza de Jesús en este punto de la narración, proclamándolo rey (en la forma habitual de los reyes). Pero es María la que cae de rodillas y vierte el perfume a sus pies, lo cual solo podía significar una cosa. El único hombre que conseguía que sus pies fuesen ungidos era un hombre muerto. Ella estaba ungiendo a Jesús para su entierro. Estaba profetizando su muerte. Está interrumpiendo una escena. Ella dice la verdad y hace que todos se sientan incómodos. Los hombres intervienen para objetar. Jesús dice: "Déjenla en paz", como si quisiera que ellos escucharan el mensaje.

Escuchen el mensaje: las cosas se están poniendo álgidas. Los ricos siguen siendo más ricos; los pobres, más pobres. El planeta está en peligro. No se puede cambiar el relato que rige el mundo contándolo de la misma manera que siempre se ha narrado. Jesús no va a galopar en un caballo blanco y salvar el día con una gloriosa exhibición de fuerza y poder varoniles. En verdad, con todas las medidas habituales, será derrotado. Él va a sufrir humillaciones y va a morir. No se cambia la narración al asumir los roles que los poderes de turno ya han escrito. Las herramientas del amo nunca van a desmantelar la casa del amo.

No hay revolución verdadera si los rebeldes simplemente toman su lugar en el mismo trono antiguo. Así, nada se subvierte. María profetiza de otra manera, ella narra un relato diferente. Jesús se pone inmediatamente de su lado. Él le dice a Judas: "A los pobres siempre los vas a tener contigo". Esto no significa que deje de estar del lado de los pobres. Él está diciendo: "Mira, voy a morir muy pronto".

Tú no puedes, Judas, hacer lo que él quiere hacer: revelar el amor revolucionario y la misericordia transformadora de Dios, apoderándote del poder. Al contrario, él lo va a vaciar, lo va a arrojar afuera.

La gente generalmente pensaba en Dios o en los dioses como la fuerza más poderosa del mundo. Para ganar batallas y derrotar a sus enemigos, una tenía que poner a los dioses de su lado. O fingir que ellos estaban de nuestro lado. La historia de Jesús es una historia sobre un Dios que no entra en ese juego en absoluto. Este Dios no hará enemigos ni ejercerá violencia. Jesús renuncia al poder por amor. En realidad, es un poco indecoroso para un dios.

La mujer de esta historia es a menudo elogiada por su sumisión. Yo no lo pondría de esa manera. Es más como si en su acto hubiera algo que a una la desarma por completo. Jesús parece seguirle la pista: se vale del comportamiento de ella como guía para el de él.

Más tarde, Jesús hace por sus discípulos algo como lo que María había hecho por él: pone a un lado sus prendas (tal vez en un eco a soltarse el pelo), se envuelve una toalla alrededor de la cintura, vierte agua en un recipiente y comienza a lavar los pies de los discípulos, secándolos con

la toalla que usaba para cubrirse. Una historia poco deco-
rosa que ilustra el amor de Dios, una historia que habla de
un amor que desarma. Es demasiado.

No sé exactamente cómo pueden ustedes llegar a sentir
ese amor, pero creo que la compasión es la que sustenta
la totalidad de las cosas. Es un amor que puede cambiar
el mundo. En lugar de alimentar nuestro sentido de que
estamos en lo correcto y en lo bueno, en lugar de poner-
nos en un camino que nos lleva a apuntalar nuestra justicia para que podamos estar seguros de que somos más
merecedores, es un amor que nos abre y nos libera para
que dejemos de jugar con las reglas de los viejos juegos.
Cuando lo vislumbramos, puede que nos desarme e impida que nuestros vecinos y colegas y todas esas personas
que creen tantas tonterías sean nuestros enemigos. Necesitamos ese amor. Que se abra camino en nuestro ser.

189

15

EL PATRIARCADO EN HARAPOS: LA RAMERA DE BABILONIA

Entonces uno de los siete ángeles que tenían las siete copas se acercó y me dijo: "Ven, te mostraré el juicio de la gran ramera que está sentada sobre muchas aguas, con quien los reyes de la tierra han fornicado, y con el vino de cuya fornicación los habitantes de la tierra se han embriagado". Así que me llevó en el espíritu a un desierto, y vi a una mujer sentada sobre una bestia escarlata que estaba llena de nombres blasfemos, y tenía siete cabezas y diez cuernos. La mujer estaba vestida en púrpura y escarlata, y adornada con oro y joyas y perlas, y sostenía en su mano una copa de oro llena de abominaciones y de las impurezas de su fornicación; y en su frente estaba escrito un nombre, un misterio: "Babilonia la grande, madre de rameras y de las abominaciones de la tierra". Y vi que la mujer estaba ebria con la sangre de los santos y la sangre de los testigos de Jesús.

Cuando la vi, me quedé muy sorprendido.

Después de esto vi a otro ángel que descendía del cielo, con gran autoridad; y la tierra se iluminó con su esplendor. Él exclamó con voz poderosa:

"¡Ha caído, ha caído Babilonia la grande!

Se ha convertido en morada de demonios,

un refugio de todo espíritu inmundo,

el refugio de toda ave repugnante,

un refugio de todas las bestias inmundas y odiosas.

Porque todas las naciones han bebido

del vino del furor de su fornicación,

y los reyes de la tierra fornican con ella,

y los mercaderes de la tierra se han enriquecido con el poder de su lujo".

Entonces escuché otra voz del cielo que decía:

"Sal de ella, pueblo mío,

para que no participes de sus pecados,

y para que no participes de sus plagas;

porque sus pecados se amontonan como el cielo,

y Dios se ha acordado de sus iniquidades.

Denle a ella lo que ella ha dado,

y devuélvanle el doble por sus obras;

mezclen un trago doble para ella en la copa en la que ella mezcló *cuando se glorificaba a sí misma y vivía lujosamente,*

denle, pues, una medida semejante de tormento y dolor.

Ya que en su corazón dice

'Yo gobierno como una reina;

no soy viuda

y nunca veré el dolor';

por tanto, sus plagas vendrán en un solo día.

pestilencia, duelo y hambre.

y ella será quemada con fuego;

porque poderoso es el Señor Dios que la juzga".

Y los reyes de la tierra, que cometieron fornicación

y vivieron en el lujo con ella, llorarán y gemirán

por ella cuando vean el humo de ella arder; se

mantendrán lejos, por miedo a su tormento, y dirán:

"¡Ay, ay, la gran ciudad,

Babilonia, la ciudad poderosa!

Porque en una hora ha llegado tu juicio".

Apocalipsis 17: 1-6, 18: 1-10

Cuando en *House of Mercy* decidimos crear un Leccionario de las Mujeres, tuve en cuenta las ideas que muchos de nuestros feligreses nos dieron el día que preguntamos a qué mujeres les gustaría incluir. Una persona inteligente, amable y reflexiva (para nada rabioso misógino fundamentalista) sugirió a la Ramera de Babilonia. Pensé "bueno, claro, esa podría ser una manera interesante de terminar el año eclesiástico: último día del año litúrgico, último libro de la Biblia". Si estuviéramos siguiendo el leccionario regular, ese domingo habría sido el domingo de Cristo Rey, que generalmente suscita una especie de sermón antimperio. Pensé que el domingo de la Ramera de Babilonia nos llevaría a un territorio similar. Entonces, me pareció una buena idea cuando planificábamos el leccionario.

Sin embargo, cuando me senté con el texto dispuesta a escribir un sermón sobre el tema, pensé que de ninguna manera iríamos a terminar con eso. Con toda seguridad, sería mejor tener algo más edificante o empoderador para el último domingo del Leccionario de las Mujeres. Parecía mal terminar el año de las mujeres con un sermón sobre la Ramera de Babilonia. Difícilmente podía imaginar algo que me hiciera sentir más incómoda. Pero fue entonces cuando pensé que sí, que deberíamos hacerlo.

Me las había arreglado para pasar veinticinco años como pastora sin predicar sobre el libro del Apocalipsis. Vi que tal vez había llegado el momento. Pero qué libro más extraño es ese; rebosante de violencia, monstruos, criaturas con rostros llenos de ojos por delante y por detrás, por todos lados, y que por dentro cantan día y noche sin parar "santo, santo, santo es el Señor Dios Todopoderoso que era, es y ha de venir". Y se supone que esos son los monstruos buenos. Ni siquiera puedo soportar imaginármelos. Dos ojos son bonitos, tal vez incluso cuatro está bien, pero más que eso ya me parece horrible.

Pero aún peor que los monstruos del manuscrito, es como si quien haya escrito Apocalipsis hubiese abandonado la idea de un discurso civil. El autor dice "ODIO esto, tú también deberías odiarlo, ¿y sabes qué más odio?". Parece que todo se trata de lanzarles insultos a los inmundos fornicarios malvados; el autor parece disfrutar de las imágenes de su eterna tortura. No es una lectura suave.

Es un libro popular entre una audiencia específica, sin embargo, durante la mayor parte de la historia no fue muy bien recibido. No es de extrañar. La gente discutía sobre si debería ser incluido en el canon. Fue un texto difícil para algunos de los intérpretes más estimados de toda la historia (por decirlo suavemente). San Agustín. Martín Lutero. Un erudito más reciente piensa que podría tomarse como un libro catártico. Quizás si una está en medio del sufrimiento real, hay algo satisfactorio o incluso necesario en usar un lenguaje violento para condenar, y la imagen de los opresores torturados resulta algo catártica. Obviamente (dice este intérprete), dado el contexto del resto del Nuevo Testamento, no se pretende incitar a la violencia, tan solo "imaginarla".

No sé qué pensar al respecto. Es cierto que el Apocalipsis parece una especie de catarsis. Sin embargo, si pienso en el esclavo que imagina a su amo siendo torturado, o en una niña de doce años que ha sido obligada a traficar con sexo e imagina que todos los hombres que la han violado son torturados, la catarsis no parece suficiente. ¿Cómo llegamos a la justicia? Si ustedes consideran que el enemigo, que las cosas que se supone deben odiar, son las fuerzas de la injusticia, el poder que esclaviza, entonces todo el veneno que el libro de Apocalipsis parece destilar puede resultar apropiado. Quizás no esté destinado a un grupo de personas, sino más bien a una especie de poder: el poder de la injusticia.

En el texto que elegimos, la mujer ebria de la sangre de los santos es Babilonia, el Imperio, la bestia lasciva de riqueza y poder. Los reyes de la tierra fornican con ella y los comerciantes de la tierra se han enriquecido de su poder y lujo. Ellos ahora lloran y se lamentan por su caída, ya que nadie compra su cargamento ostentoso: oro, plata, joyas, perlas, lino fino, canela, especias, vino, aceite de oliva, ganado, caballos, carros y esclavos, vidas humanas.

Los comerciantes de esas mercancías, que se enriquecieron con ellas, se mantienen ahora a la distancia, con miedo, por su desaparición. En una hora toda esta riqueza ha sido destruida. Por aquellos días no lo llamaban capitalismo, pero Babilonia representa cualquier sistema que entronice al mercado (poder y riqueza) por encima del amor y la justicia. Las ganancias antes que la gente. En lugar de ciudadanos, consumidores. En lugar de comunidades, centros comerciales.

Babilonia es la maquinaria (muy similar a la que funciona en estos días que estamos viviendo) que genera riqueza para unos pocos en detrimento de la mayoría de los seres humanos, la mayoría de las especies en peligro de extinción en este planeta. Babilonia es considerar al mercado como si fuera Dios. Es la gente que cree que la riqueza generada libremente sin una regulación engorrosa, que la competencia en el mercado, se hará cargo de la vida en este planeta. Que habrá ganadores y perdedores. Es la ideología del capitalismo neoliberal: que quienes puedan competir mejor, merezcan ser ganadores.

Creo que estamos familiarizados con Babilonia.

Y supongo que puedo respaldar el llamado a considerarla "malvada" y a convertirla en una enemiga. Babilonia es un ídolo, un principado y un poder que no es humano, que no está constituido por el amor, que no es generador de vida. Quizás la iglesia deba predicar todos los años sobre este texto el domingo siguiente al *Black Friday* (el día que da inicio a la temporada de compras navideñas).

Pero lo que me hace empezar a sentir una enorme disonancia es que el escritor del libro encarna este mal como mujer. Y la nombra "La Puta de Babilonia". No es algo menor. El autor ata la imagen de un poder maligno que es peligroso para el mundo –algo que le repugna y, sin embargo, que es ansiado–, todo ese veneno mezclado con deseo, a la imagen del cuerpo femenino. Bienvenidos y bienvenidas a la misoginia. Esa es la fórmula de la que proviene la aversión a las mujeres.

¿Por qué una MUJER vestida de seda montando una bestia? ¿Por qué encarnar las fuerzas del imperio del mal como mujer? Mary Daly, una teóloga feminista que abandonó el cristianismo, dice: "¿Por qué la ramera de Babilonia?". Porque, por supuesto, en el patriarcado "todo el mundo sabe que la mujer siempre tiene la culpa".

El libro del Apocalipsis está lleno de retórica de odio a las mujeres. El enemigo allá afuera es la Puta de Babilonia. Al enemigo dentro de la iglesia, el escritor lo llama Jezabel. Es un enemigo que no se arrepentirá, así que dice: "La arrojaré sobre una cama".

Stephen Moore, un erudito bíblico y crítico literario, dice que es "la masculinidad mesiánica que se ennoblece ante el espectáculo de la puta desnuda y de todos sus amantes que arden en desnuda agonía". El libro palpita con una especie de fervor machista: una clase de guerreros santos masculinos unida para siempre con una deidad que empuña una espada y que gobierna con un cetro de hierro.

Mientras que el nombre de la puta está tatuado en su frente, Dios lleva su enseña guerrera –Rey de reyes y Señor de Señores– tatuada en el muslo, que en jerga bíblica es un eufemismo para su órgano de circuncisión. ¿En serio? El señor es hipermasculino; el enemigo es femenino.

No creo que sea exagerado suponer que, en la decisión de hacer que el enemigo malvado sea femenino, de alguna manera el escritor tenga en mente a la diosa (el gran rostro mujeril de lo divino, la madre amada, la consorte de Dios, la diosa que muchos elementos de la tradición ven perpetuamente como una amenaza al monoteísmo).

Quien lea el texto, dice el autor, debe odiar a la puta porque ella es la fuente de todo lo que es inmundo, detestable y obsceno, y porque las naciones se emborrachan perversamente de lujuria por ella. Aquellos que odian a la puta estarán bien, ellos son los que deben ser amados. Los que no la odien serán odiados.

¿Creen ustedes que esta retórica podría haber tenido un efecto en el mundo, aparte de impedirnos sucumbir al capitalismo y creer en la riqueza y el poder? Creo que es posible que la retórica sexista en el apocalipsis de Juan haya tenido más efecto que la crítica al imperio. Llegué a esta conclusión después de mirar alrededor y ver cómo se desarrollaron las cosas.

Durante la mayor parte de su historia, este libro no ha sido muy querido. El dios guerrero que tortura enemigos no parece ser el Jesús de los evangelios que vuelve la otra mejilla y que renuncia al poder por amor. El libro dice que es él, y de hecho hay un cordero en el fondo (que muchos intérpretes señalan que es intrínsecamente no violento), pero una tiene que atravesar mucho odio y violencia para llegar al cordero.

A Martín Lutero no le gustó el libro de Apocalipsis en absoluto hasta que, dijo, la historia reveló que la ramera de Babilonia era en realidad el papa. Cuando se le reveló eso, le gustó más. Lo que es interesante es que el papa es, por supuesto, hombre. Difícilmente haya un patriarcado más marcado en la historia que el papado. Y el Imperio romano era prácticamente la definición de patriarcado.

Catherine Keller, una teóloga que escribe sobre Apocalipsis, llama a la puta de Babilonia "Imperio Patriarcal en Harapos". Me gusta mucho eso. En parte porque desactiva el componente machista. ¡Qué vergüenza para los supremacistas masculinos blancos que se les revele que están usando lencería de mujer en secreto! Me gusta cómo expone que son los hombres los que están detrás de la puta, que la puta es obra del *hombre*.

Pero me entristece pensar que el escritor tenga que disfrazar al mal de mujer porque es más fácil generar odio hacia las mujeres que generarlo hacia la riqueza y el poder.

Agustín eligió leer Apocalipsis no como una condena al imperio, sino más como si se tratara de una lucha interna de alguien. No me parece del todo malo. Hay algo valioso en mirarlo de esa manera. Quizás, en lugar de condenar el mal que existe, se trata de exponer el mal en nuestros propios corazones.

Pero cuando una se da cuenta de que Agustín estaba escribiendo en el momento en que el cristianismo intentaba adaptarse al imperio, parece bastante conveniente leerlo como si se tratara de la lucha de un individuo más que de una condena al poder que pretendes alcanzar.

Mucha gente dice que el Apocalipsis surge del corazón del sufrimiento sistemático. Y una siente eso al leerlo. Es como si la historia tuviese que terminar para que se acabe el sufrimiento; pues que así sea. Hay que dejar que el mundo arda. Aquí no hay esperanza.

Yo no siento que deba ser así. ¿Ustedes sí? Quizás yo no lo siento así porque soy una persona privilegiada. Tengo una casa con calefacción, una cama, almohadas y gente que me quiere, y suficiente comida. No hay gente golpeando mi puerta para arrastrarme a prisión. Tenemos animales, no para comerlos ni para que trabajen por nosotros, sino para acariciarlos. Tenemos mascotas. Quizás las personas cómodas no son las mejores lectoras de Apocalipsis.

¿Cómo llegará el mundo a la justicia?

Algunas personas de fe, o quienes se llaman a sí mismos cristianos, o los que están tratando de vivir el evangelio (como quieras decirles), luchan con la pregunta "¿Es político?". Lo cual, por supuesto, no se trata de si tiene que ver con un determinado partido, sino si tiene que ver con los asuntos públicos. ¿Tiene nuestra fe algo que ver con cómo imaginamos que el mundo debería ser gobernado, con la sociedad en general? Claro que sí.

¿O Apocalipsis es personal? ¿Es un libro sobre nuestros corazones o almas, sobre las profundidades de nuestro ser? Por supuesto que sí. No es ni uno ni otro.

Entonces, cuando pensamos en la resistencia al imperio, tenemos que pensar en nuestra participación personal en él. No creo que sea algo que podamos resolver perfectamente como si se tratase de un plan de superación personal. Es un lodazal, un nudo gordiano. Pablo dice: "Lo bueno que quiero hacer, no lo hago, lo que odio, eso hago". Él está expresando algo que es algo horrible y cierto. Como seres humanos pecadores que inevitablemente hemos sido heridos, algunas veces nos seguimos lastimando profundamente (incluso amigos, padres, los niños se lastiman entre sí y, por supuesto, lastiman a los enemigos). Trabajar para sanar nuestras relaciones entre nosotras, nosotros y Dios (a quien apenas entendemos) es mucho más complicado que implementar un plan de superación personal.

Ser humano es ser impuro. Tenemos rastros de productos químicos del medio ambiente en nuestra sangre que pueden dañar a nuestros hijos incluso antes de que nazcan. Nuestro ADN no siempre es bueno. Tenemos largas historias cargadas de gente con psicologías y células resquebrajadas. Incluso si no conducimos un automóvil, usamos el transporte público que utiliza combustibles fósiles. Incluso si solo andan en bicicleta o caminan, probablemente pagan impuestos a un gobierno que subsidia a las corporaciones que se benefician de la industria de los combustibles fósiles. Es imposible ser puro. ¿Cómo podría alguien escribir este libro, que aparece como si la línea entre lo puro y lo impuro fuera sólida y simple, como si pudiésemos pararnos de un lado u otro por elección?

Lo que quiero es que los hombres que abusan de su poder y lastiman a las mujeres y parecen no preocuparse en absoluto por los demás sientan el fuego. Pero ¿qué pasa con mi propia ambición de poder? Dudo de admitir que tengo tal voluntad, pero mi esposo, Jim, ciertamente ya lo ha detectado.

Si anhelo un mundo sin misoginia, ¿tengo que deshacerme o ser liberada de mi propio odio? Es difícil dejarlo ir cuando los objetos de mi odio parecen merecerlo. Es casi como si fueras honesta acerca de lo que implica ser humano, no puedes pretender no hacer daño. Aunque creo que la vida de fe se trata de esforzarse.

Quienquiera que haya escrito el libro de Apocalipsis, puede que se haya esforzado por escribir algunas palabras para animar a las personas que estaban sufriendo. Pero ¡ay, caramba!, lo que hizo fue contribuir de manera más significativa a una realidad misógina que sigue perpetuando la injusticia contra las mujeres de todas las formas imaginables, mucho más de lo que consiguió advertirle a la gente que se mantuviera alejada del deseo de riqueza y poder.

¿Qué hacemos ante la injusticia? ¿Emprenderla contra la maquinaria? *¿Rage Against the Machine,* como cuando éramos más jóvenes? Sí, yo pienso que sí. ¿Buscar en las profundidades de nuestras almas? Sí. Si ha de haber transformación, que es lo que sin dudas estamos llamados a propiciar, debe haber un cierto esfuerzo en el mundo (no creo que ustedes simplemente puedan tumbarse en el sofá a ver Netflix a la espera de que la justicia se desencadene) y una cierta entrega a la gracia en asuntos que demandan juicio. Como ahora, mas por la gracia de Dios, allá voy yo.

Es una historia que he escuchado toda mi vida, creciendo y viviendo en la fe cristiana. Por muy corrompida que haya sido la historia a veces, creo en ella: somos pecadores y pecadoras salvados por la gracia de Dios.

Siempre estamos condenando "allá afuera" lo que odiamos en nosotros mismos. Nosotros no somos tan buenos. No somos puros. Somos amados. Y participar de ese amor, recibirlo, nos capacita para amar. Recibir la misericordia nos ayuda a ser misericordiosos. No lo entiendo totalmente, pero estoy bastante segura de que así es como funciona.

AGRADECIMIENTOS

Son tantas las personas a lo largo de los siglos, planetas y orientaciones religiosas con las que estoy agradecida por haber interpretado los textos bíblicos. Me he valido de la profundidad y amplitud de los pensamientos, la sabiduría y la perspicacia de muchos más durante toda mi vida como predicadora, al punto de que me es imposible imaginar que yo pueda escribir un sermón del todo original, independiente de los senderos que ellas y ellos han trazado para mí. Incluso cuando me frustra todo lo que pueda haber acontecido previamente, me siento agradecida por todas y todos los que han contribuido a esas conversaciones que le permiten al texto mantenerse con vida. Mi deuda de gratitud es mayor cuando se trata de los aportes de Avivah Gottlieb Zornberg, James Allison y John Linton, por sus acercamientos vivaces e inspiradores a los textos.

Este libro no hubiera sido posible si Hernán Dalbes, de JuanUno1 Ediciones, no hubiera planteado la necesidad de un texto de sermones en torno a las mujeres. La mayoría de los editores no suelen pedirme sermones (que constituyen la médula de mi trabajo). Estoy agradecida con Hernán por haberlo solicitado. El equipo de JuanUno1 no solo ha trabajado en la traducción de dos libros míos, sino que también me ayudaron, con su entusiasmo, a producir el que ustedes tienen en sus manos. Gracias a Alvin Góngora por haber leído cuidadosamente el manuscrito original y por sus palabras de ánimo, y a Mark Baker por haberme puesto en contacto con este grupo de personas geniales.

Gracias a *House of Mercy* por ser la clase de iglesia que se abre a la exposición de sermones extraños que rara vez apuntan a una lección precisa, y por siempre estar abierta a las preguntas. Conforman una comunidad hermosa. Me siento feliz de ser parte de ella.

Gracias a Cyndy Rudolph por haberse ofrecido a leer todo el manuscrito, y a Olivia, Miles y Jim por animarme y sostenerme.

ACERCA DE LA AUTORA

La Rev. Debbie Blue es una de las pastoras fundadoras de *House of Mercy*, una iglesia ubicada en St. Paul, Minnesota. El sitio en internet de la iglesia asegura que ella "aborda la Escritura como una granjera se ocupa del pollo: con cuidado, pero sin delicadezas; a fondo, pero no propiamente con cautela".

Magníficat: Un Dios que nunca dejó de considerar a las mujeres parece ser la prueba de que esa metáfora es acertada. La reverencia y la insolencia hacia los textos sagrados, las tradiciones sacras y la larga historia de siglos de interpretación bíblica se mantienen en equilibrio a lo largo del libro.

Está casada con Jim, un artista plástico, y es madre de Miles y Olivia. Además, es ministra luterana. Debbie se ha valido de sus 25 años de experiencia como predicadora para publicar libros como *Ortodoxia sensual* (JuanUno1 Ediciones, 2020) y *Considera a las mujeres* (JuanUno1 Ediciones, 2020).

www.debbieblue.com

LIBROS DE DEBBIE BLUE
- EN ESPAÑOL -

CONSIDERA A LAS MUJERES
Paperback 978-1-951539-26-9 | eBook 978-1-951539-27-6

ORTODOXIA SENSUAL
Paperback 978-1-951539-45-0 | eBook 978-1-951539-59-7

JUANUNO1
EDICIONES

www.juanuno1.com | redes @juanuno1ed
Un Sello Editorial de JuanUno1 Publishing House LLC.